COLLECTION MICHEL LÉVY
— 1 franc le volume —
1 franc 25 centimes à l'étranger

LOUIS ULBACH

LES SECRETS DU DIABLE

PARIS
MICHEL LÉVY FRÈRES, LIBRAIRES-ÉDITEURS
RUE VIVIENNE, 2 BIS

1858

COLLECTION MICHEL LÉVY

LES SECRETS

DU DIABLE

POISSY. — TYPOGRPHIE ARBIEU.

LES SECRETS
DU DIABLE

PAR

LOUIS ULBACH.

PARIS
MICHEL LÉVY FRÈRES, LIBRAIRES-ÉDITEURS
RUE VIVIENNE, 2 *bis*.
1858
Reproduction et traduction réservées.

LES
SECRETS DU DIABLE

ARGINE PICQUET

Si je ne craignais de paraître donner une forme paradoxale à l'expression d'un sentiment simple et vrai, je dirais que l'ennui est le plus grand bonheur de la province. J'entends cet ennui profond, irrémédiable, qui, par sa violence, dégage en nous la rêverie, et nous initie aux voluptés de la résignation, du martyre. A Paris, l'ennui ne peut être qu'un vice personnel, dont on devient responsable, et qui par cela même nous irrite contre nous-même. Mais en province, c'est une loi absolue, une influence atmosphérique; on n'est pas coupable de le subir, il est de bon goût de l'avouer. En s'y résignant, l'âme cherche en elle des compensations; elle veut réagir contre son malaise, par le souvenir ou par l'espérance, et elle arrive ainsi à se venger, en recueillant des plaisirs très-immatériels, très-quintessenciés, à coup sûr, mais dont on ne saurait nier la réalité.

C'est surtout quand on a le bonheur de s'ennuyer dans son pays natal que la mélancolie malicieuse dont je parle trouve son compte, et qu'au fond des grondements intérieurs de son esprit on entend distinctement ce rire sardonique, cette médisance vengeresse, dont il est difficile d'analyser les charmes.

La ville de Troyes, chef-lieu du département de l'Aube, ancienne capitale du comté de Champagne, satisfait à toutes les conditions nauséabondes qui font de la province un lieu d'exil. La trivialité de son aspect, l'activité qui absorbe ses habitants, tout convie à une somnolence sans rêves. Les jolies promenades ne manquent pas, mais elles ne sont ni assez fréquentées, pour aider à l'échange des pensées, ni assez désertes pour qu'on y puisse rêver seul et à l'aise.

Troyes était, il y a une quinzaine d'années, une ville obscure et sale, encombrée de constructions chancelantes et vermoulues. On a démoli les murs, élargi les rues, et, sous prétexte de canal, établi au centre une grenouillère qui donne l'illusion d'un port. Troyes n'est plus aussi laid, mais, en revanche, il est commun, et les constructions modernes viennent contrarier, par les couleurs criardes d'un badigeon récent, le ton vénérable des anciennes maisons.

Cette capitale de la Champagne paraît avoir eu, de tout temps, la réputation que je revendique aujourd'hui pour elle, et les anciens comtes, qui l'honoraient comme leur ville principale, se gardaient bien de l'habiter. Thibault, le faiseur de vers, s'y fût senti mal à l'aise, et

Provins, cette contrefaçon champenoise de Jérusalem, que les croisés saluaient, au retour de leurs expéditions, comme un souvenir de la ville sainte, Provins, avec ses roses, sa montagne et son aspect pittoresque, était la résidence préférée de ces spirituels suzerains.

Que penser, en effet, d'une capitale dont on a pu sérieusement et plausiblement contester l'authenticité? Troyes avait gardé si peu de trace de ses antiques destinées, que des savants ont pu prétendre que Reims, ou que Châlons, ou que Provins, avait été la capitale de la Champagne. Troyes a pulvérisé sous les in-folios les contradicteurs, mais sa victoire n'a servi qu'à faire ressortir davantage son indigence de souvenirs féodaux et d'évocations poétiques.

Troyes a un théâtre, mais on y va le moins possible, et un proverbe local assure que les acteurs y débarquent en escarpins, et s'en vont en sabots. Elle a aussi une société de belles-lettres et d'agriculture, fort décente, qui ne hait rien tant que de faire parler d'elle. Voilà pour la vie intellectuelle.

Quant aux Troyens, je ne vous en parlerai pas, par discrétion de Champenois. Il y aurait trop d'humilité à en dire du mal, trop de vanité à en dire du bien. Mon sarcasme ressemblerait à un suicide, mon éloge serait de l'égoïsme. Qu'il suffise de savoir que le plus grand nombre semble assez content de son sort, et que j'aurai, sans aucun doute, grand tort à ses yeux de confesser ainsi l'ennui du sol natal.

Pendant un séjour forcé de quatre années dans cette

température stupéfiante, je n'entretins en moi de chaleur et de mouvement que par des promenades fréquentes et que par une gymnastique, d'ailleurs obligée, de mon esprit. A Paris, le journalisme use l'imagination ; en province, au contraire, ce piétinement continuel de la réflexion garantit de l'ankylose.

Dans mes excursions quotidiennes sur le *mail,* la promenade par excellence, je m'étais habitué à compter les arbres, les bancs, tous les incidents du terrain ; je crois que j'aurais fini par compter les grains de sable, tant il y a de force dans l'ennui. Les bonnes d'enfants, les vieux rentiers, les oisifs, en assez petit nombre, qui venaient animer la promenade, m'étaient connus. Je les retrouvais aux mêmes heures, accomplissant le même nombre de tours, s'arrêtant aux mêmes endroits, s'asseyant sur les mêmes bancs, s'acquittant enfin, avec une admirable régularité, des fonctions automatiques dont se compose la vie de province.

Une vieille femme surtout, par sa ponctualité, par une sorte de mystère répandu sur sa personne, par la préoccupation visible de son esprit, par son costume, avait fini par éveiller ma curiosité et par devenir nécessaire à mes promenades de chaque jour. Elle était l'indispensable accessoire des mornes allées. Je ne comprenais pas le mail sans cette apparition.

Cette respectable inconnue semblait être septuagénaire. Sa figure était jaune et creuse ; ses yeux avaient de l'éclat ; son nez long et crochu paraissait mordre sa bouche qui ne pouvait plus rien mordre ; le menton était carré; des cheveux blancs affectaient de chaque côté des tempes trois petites frisures qui s'échappaient de sa coiffure comme trois mèches de crin d'un coussin décousu. Un chapeau noir d'une soie impossible et d'une forme chimérique, abritait cette figure grimaçante, qu'un air de bonté et de sérénité parfaite empêchait d'être ridicule et rendait seulement singulière. Un châle de couleur saumâtre émoussait les angles aigus que devaient former les épaules, les coudes, les hanches; une robe de couleur puce, sans ampleur, mais garnie d'un petit volant, descendait jusqu'à trois pouces de ses pieds. Un grand sac vert, de ceux qu'on appelait autrefois ridicules, se balançait à ses côtés, et trahissait par son cliquetis, les clefs, la tabatière, l'étui de lunettes, qu'il renfermait. Cette vieille était fort alerte, et trottinait sur le mail d'un pas assuré et pimpant. Quelquefois, elle s'arrêtait, s'asseyait sur un des bancs de pierre, tirait de son ridicule une petite tabatière en écaille, ornée d'un portrait, bourrait avec vivacité son nez de tabac et tombait dans des méditations fort profondes.

Cette infatigable promeneuse, que je rencontrais tous les jours et toujours seule, m'intriguait. On devinait à la régularité de ses allures, à sa concentration, une manie. Mais il y avait dans son regard vif et net une rectitude qui excluait toute pensée de folie. Elle ne s'arrêtait jamais pour causer. On la saluait, mais à peine si une légère flexion des jarrets annonçait de sa part l'intention de répondre à cette politesse. Il y avait en elle quelque chose de la fierté, des dédains du génie méconnu. Cette petite vieille misanthropique, avec une si bonne, une si tranquille figure, me semblait une énigme intéressante.

Je m'informai; j'appris qu'elle se nommait Argine Picquet. C'était une demoiselle; et lors des fêtes de la Vierge, elle réclamait toujours avec vivacité le droit de porter la bannière. Ces jours-là, le fourreau couleur puce cédait la place à une robe blanche, le chapeau noir à un voile, et rien n'était plus bizarre, mais en même temps plus touchant, que de voir cette vierge plus que septuagénaire, conduire avec orgueil le charmant cortége des jeunes confréries.

Les uns assuraient qu'il y avait une grande histoire d'amour dans le fait du célibat de mademoiselle Picquet, d'autres conjecturaient que c'était une joueuse repentie. On la surprenait quelquefois chez elle avec des jeux de cartes. Peut-être se livrait-elle tout simplement à des études de cartomancie, et n'était-elle qu'une diseuse de bonne aventure!

Peu satisfait des renseignements obtenus, mais excité plus que jamais, je fis en sorte de pénétrer par moi-même la vérité. Dans mes promenades, j'affectais de me reposer toutes les fois que mademoiselle Picquet se reposait; je venais m'asseoir sur le même banc; si bien qu'au bout de quelques jours, en dépit de ses préoccupations constantes, la petite vieille s'aperçut de mes assiduités. Elle me jeta de côté un regard railleur qui sembla me demander si j'étais aveugle; puis, voyant que je ne me décontenançais pas et que je paraissais déterminé à ne point lâcher prise, mademoiselle Argine se tourna brusquement vers moi et me dit :

— Eh ! eh ! on dira que vous me faites la cour ; vous vous compromettez !

Puis elle rit d'un petit rire sec et joyeux qui dansait dans son gosier comme un volant sur une raquette. Je me joignis franchement à cette hilarité, et, voyant une bonté si vraie, si spirituelle, dans les yeux fins et malicieux de la vieille demoiselle, je pris le parti de lui avouer ma curiosité, m'excusant sur la sympathie que ses habitudes de promenade et son isolement établissaient entre elle et moi.

Mademoiselle Argine devint sérieuse.

— Ah ! ah ! vous êtes curieux comme les autres. Vous voulez savoir qui je suis, pourquoi je me promène toujours ainsi toute seule, sans caniche ou sans vieilles gens à côté de moi ? et, quand j'aurai tout dit, vous vous moquerez, n'est-ce pas ?

Je fis des protestations.

— Après tout, que m'importe ! continua-t-elle, si vous vous moquez de la vieillesse, vous n'ajouterez pas une désillusion bien nouvelle et bien inattendue à toutes celles qui m'ont frappée dans la vie, mais vous aurez fait une mauvaise action, que votre conscience vous reprochera sans doute et que Dieu punira peut-être.

Je fus surpris de la solennité avec laquelle ces paroles étaient prononcées. Mademoiselle Picquet remarqua mon étonnement.

— On a dû vous dire que j'étais folle, reprit-elle, et

l'on a dit vrai, car je ne comprends rien à la raison du monde. J'ai quatre-vingt-dix ans et je n'en parais que soixante-dix; eh bien! monsieur, c'est grâce à ma volonté que je ne vieillis pas plus vite. Oh! ne souriez pas et ne croyez pas que je m'imagine imposer aux années. J'entends par là que je commande à mes émotions et que j'ai réglé mes besoins. Je suis un grand mathématicien, telle que vous me voyez, et je ne veux pas mourir avant d'avoir trouvé la solution de mon problème.

— Quel est-il ? demandai-je, persuadé que mademoiselle Picquet me parlait par métaphore.

— Vous êtes bien curieux, me répondit-elle ; et d'ailleurs, il faut avoir vécu, comme moi, d'algèbre et de calculs, pour entrer dans mes fantaisies et dans mon ambition.

Cette fois j'étais confondu. C'était bien décidément d'un problème de mathématiques que la vieille demoiselle voulait parler. J'eus une peur effroyable. J'étais en proie à quelque maniaque, et je m'étais exposé à des confidences doublement inintelligibles, les mathématiques ayant toujours été pour moi ce que les inscriptions sinaïtes sont pour les membres de l'Institut.

Mademoiselle Picquet avait tiré de son ridicule sa tabatière en écaille et se mettait sous le nez de volumineuses prises de tabac, qu'elle aspirait ensuite avec une sorte de reniflement sauvage.

— Monsieur, reprit-elle après quelques secondes de réflexion, nous sommes fort mal ici pour causer, mais si vous n'avez pas trop peur d'un tête-à-tête dans la chambre d'une vieille fille comme moi, je vous attendrai ce soir.

J'acceptai avec empressement le rendez-vous ; et le soir même, je frappais à la porte de ma nouvelle connaissance. Pourquoi n'avouerais-je pas que le cœur me battait un peu ? La curiosité produirait-elle donc la même émotion que l'amour ? Hélas ! dans bien des cas, celui-ci diffère-t-il beaucoup de celle-là ?

Je trouvai mademoiselle Picquet assise dans un fauteuil de vieille tapisserie. Deux tourterelles de haute lisse, un peu fanées, se becquetaient derrière son dos. Un grand portrait d'un personnage du dix-septième siècle était suspendu vis-à-vis la cheminée, sur le mur. Des boîtes de jeu étaient rangées sur une commode. On remarquait un loto, un damier, une boîte d'échecs, et, dans un angle, une table de trictrac attestait les goûts variés de mademoiselle Picquet. Des livres de science étaient ouverts sur un petit guéridon à proximité du fauteuil. Du reste, tout dans cette chambre dénonçait l'ordre, la propreté, mais en même temps la bizarrerie de celle qui l'occupait, et la pensée que mon héroïne était tout simplement une tireuse de cartes me revint plus forte, plus persistante.

— Dites-moi donc un peu pourquoi vous tenez tant à me connaître ? me demanda-t-elle, quand je fus installé à ses côtés. Eh bien ! vous allez être attrapé, car je ne suis ni une vieille princesse déguisée, ni une fée, comme mon nez crochu pourrait vous le faire croire ; je suis tout simplement une vieille fille un peu folle, Champenoise jusqu'au bout des ongles, Troyenne jusqu'à la moelle. Mais ce qui vous a étonné en moi, ne vient pas de moi. Il y a un grand homme dans la famille. Je lui ressemble, dit-on, par le visage ; j'ai voulu lui ressembler autrement. Sa mémoire m'a jetée dans des idées dont j'ai bien peur de ne pas sortir. Oui, monsieur, tenez, regardez ce portrait.

Et en parlant ainsi, avec un accent orgueilleux, mademoiselle Picquet m'avait pris la main, et me désignait le grand portrait que j'avais déjà remarqué.

— Cette belle tête souriante, sur une collerette, c'est la tête vénérable de mon trisaïeul, Jean Picquet, notaire et maire de Troyes, sous le bien-aimé roi Louis XIII, et l'un des plus grands mathématiciens de son temps. Il était en correspondance avec tous les géomètres ; et comme il n'y avait pas alors de vraie science sans qu'un peu d'infatuation égarât la pensée du savant jusque dans le domaine de l'impossible, mon trisaïeul quittait parfois la terre et s'élevait, à l'aide de ses équerres et de ses compas, jusqu'aux astres, qu'il prenait la peine de consulter sur les événements humains. Il participa à la publication de l'*Almanach avec grandes prédictions* que faisait paraître Pierre l'Arrivey, le jeune, mathématicien, astronome, astrologue et tireur d'horoscope, un autre Champenois de talent. Mais vous comprenez qu'un notaire n'est pas de sa nature essentiellement prédisposé aux divagations astrologiques, et si mon trisaïeul faisait des calculs sur les météores, c'était plutôt par jeu, par délassement, que pour en tirer des conséquences rigoureuses.

Un homme qui rédige des contrats et des testaments a du plomb au bout des ailes, et ne se noie pas dans le bleu. Maître Jean Picquet était donc un grand savant et un charmant esprit. Le cardinal de Richelieu le consulta pour la digue de La Rochelle, et dans plusieurs autres occasions. Mais le titre de mon trisaïeul à l'estime éternelle le voici.

Notre vieille ville de Troyes qu'on rajeunit trop, a été jusqu'à Colbert une grande fabrique de cartes ; elle partageait avec Rouen le privilége de fournir une grande partie des jeux du royaume. Les impôts qu'on établit depuis ont ruiné ce commerce ; mais du temps de mon trisaïeul, cette industrie était florissante, et Troyes en tirait plus d'un million.

Maître Jean Picquet était un notaire méditatif, que les études ne rendaient, d'ailleurs, ni bourru, ni brutal, et qui ne se croyait pas dispensé d'être aimable et bon compagnon parce qu'il était savant. Y a-t-il encore des notaires et des savants de cette espèce ? Vivant dans l'intimité de libraires, d'imprimeurs, de fabricants de cartes, il forma le projet d'utiliser quelques règles de mathématiques au profit des amusements du monde ; et, un soir, il s'enferma dans son cabinet avec un jeu de cartes, et passa la moitié de la nuit en grandes réflexions. Sa femme l'entendait marcher, compter sur ses doigts, puis avec des jetons, aller, venir, pousser des exclamations. Quand il vint rejoindre madame Jean Picquet dans son lit à baldaquin, il l'embrassa sur les deux joues en lui disant :

— Réjouissez-vous, ma mie, votre époux vient de découvrir l'Amérique !

Gloriole d'inventeur, monsieur, mais qui avait quelque chose de juste !

C'était véritablement un monde qu'il venait d'inventer, un monde de calculs, de joie, d'émotions. Le lendemain au matin, maître Jean Picquet donna congé aux clercs de son étude. Il défendit qu'on ouvrît les paperasses ; les apprentis garde-notes furent attablés avec des jeux de cartes, et mon trisaïeul s'amusa à leur faire étudier la combinaison savante et profonde qu'il avait trouvée dans la veillée.

Jusqu'à lui, les cartes, inventées, ou plutôt importées en France pour amuser un pauvre roi en démence, servaient d'instrument au hasard. Les rapprochements fortuits auxquels elles donnaient lieu faisaient pencher la fortune tantôt d'un côté, tantôt d'un autre. Mon trisaïeul fut le premier qui fit entrer véritablement le calcul, la combinaison, dans ces jeux incertains, et, grâce à lui, les cartes purent devenir, non plus seulement les distractions d'esprits fatigués ou étourdis, mais des sources sérieuses et toujours nouvelles de jouissances délicates pour les esprits graves et réfléchis. Grâce à maître Jean Picquet, on peut jouer pour le jeu et non plus seulement pour le gain. Ce fut ainsi que mon trisaïeul opéra une révolution, moralisa la passion la plus démoralisante, et dota la France et le monde du noble et difficile jeu qui lui doit son nom.

— Quoi ! le jeu de piquet ?

— Oui, monsieur, le jeu de piquet a été inventé à Troyes, sous le règne de Louis XIII, par maître Jean Picquet, maire et notaire, mon trisaïeul (1). Plus heureux que Christophe Colomb, auquel il se comparait plaisamment, l'inventeur donna son nom à son Amérique. Hélas! à quoi lui a servi de s'associer ainsi, pour toujours, au résultat de ses études? Qui connaît, de nos jours, l'origine d'un jeu si universellement joué? Les livres, eux-mêmes, les livres qui devraient s'inspirer de l'histoire et s'inquiéter des origines, les livres ne savent rien ou ne veulent rien savoir de l'inventeur. Croiriez-vous, monsieur, que, dans une vieille édition des règles du piquet, publiée chez Saugrain, libraire, grand'salle du Palais, et qui a paru du temps de mon trisaïeul, on lit que le nom de ce jeu lui vient d'un des coups qu'il comprend et qu'on nomme *pic?* Ne voilà-t-il pas une belle découverte! D'où vient le mot *pic* dans ce cas? C'est ce que le malicieux auteur ne dit pas. Un autre ne s'avise-t-il pas de prétendre que le nom de piquet, donné à ce jeu, vient de ce qu'il est très-piquant! Pourquoi donc alors ne l'aurait-on pas appelé piquant au lieu de piquet? Je n'ai trouvé nulle part la vérité sur l'origine de ce jeu illustre, et c'est là un de mes chagrins. Aussi, puisque la Providence m'a fait vous rencontrer, jurez-moi, monsieur, vous qui écrivez, qu'un jour vous pen-

---

(1) M. Paul Boiteau, dans son charmant livre, les *Cartes à jouer et la Cartomancie*, conteste cette origine; mais on sait que les érudits sont des sceptiques.

serez à notre conversation, à ma prière, et que vous rendrez justice à l'inventeur méconnu !

— Je le jure, répondis-je en souriant, mais d'un ton qui annonçait plus de condescendance pour la fantaisie de ma vieille interlocutrice que de foi dans ses paroles.

— Ah ! vous êtes un sceptique, me dit-elle, après avoir arrêté quelque temps ses petits yeux perçants sur les miens, et pourquoi doutez-vous ?

J'avouai à mademoiselle Argine que je croyais le jeu de piquet plus ancien et qu'autant que le souvenir de mes lectures me le permettait, je m'imaginais qu'il avait été inventé sous le règne de Charles VII, à la suite d'un ballet exécuté à Chinon.

Un éclat de rire moqueur m'interrompit.

— Nous y voilà, s'écria mademoiselle Picquet, lui aussi croit au ballet ! Eh bien ! je vous fais juge ; vous allez voir si cette complication si savante a pu résulter de ces arrangements de pirouettes.

S'élançant alors avec vivacité de son fauteuil, elle alla chercher un petit livre qui paraissait marqué à une page souvent lue, et, sans avoir besoin de ses lunettes, tant elle savait par cœur le passage en question, mademoiselle Argine lut ce qui suit dans le premier volume des *Essais historiques sur Paris* de Sainte-Foix :

« En 1676, on représenta sur le théâtre de l'hôtel
» de Guénégaud, une comédie de Thomas Corneille, en
» cinq actes, intitulée le *Triomphe des Dames*, qui n'a
» point été imprimée, et dont le ballet du jeu de piquet
» était un des intermèdes. Les quatre valets parurent

» d'abord, avec leurs hallebardes pour faire faire place;
» Ensuite, les rois arrivèrent successivement, donnant
» la main aux dames dont la queue était portée par
» quatre esclaves. Le premier de ces esclaves représen-
» tait la paume ; le second, le billard ; le troisième, le
» dé ; le quatrième, le trictrac. Les rois, les dames, les
» valets, après avoir formé par leur danse, des tierces,
» des quatorze, après s'être rangés, tous les noirs d'un
» côté, tous les rouges de l'autre, finirent par une con-
» tredanse où toutes les couleurs étaient mêlées, confu-
» sément et sans suite. »

— Eh bien ! me dit après cette lecture mademoiselle Picquet, ne voilà-t-il pas une belle objection ! Que vous semble de ce ballet du jeu de piquet où figurent le billard, la paume, le dé, le trictrac ? Mais je veux bien admettre un instant que ce ballet ait eu pour objet de glorifier cet admirable jeu, en quoi cela contrarie-t-il les prétentions de ma famille ? mon trisaïeul mourut en 1680, à l'âge de soixante-huit ans, il fut inhumé dans l'église de Saint-Pantaléon. Est-ce que ce ballet, exécuté en 1676, précisément à l'époque où le jeu de piquet était inventé, n'était pas un hommage à l'inventeur ? ou, du moins, ne profitait-on pas de la vogue attachée aux cartes par l'ingénieuse découverte du notaire troyen, pour exécuter un ballet dans lequel les principales combinaisons du piquet étaient représentées ?

— Mais, repris-je, Sainte-Foix, que vous venez de citer, ne dit-il pas aussi que ce fameux ballet de 1676 n'était que la répétition de celui que Charles VII avait fait danser à Chinon

— Oh ! oh ! triple incrédule ! me dit avec une colère riante mademoiselle Argine, vous êtes bien l'enfant de ce siècle! est-ce que vous croyez de bonne foi que du temps de Charles VII on avait songé à ce jeu si savant, si moderne, si calme dans sa vivacité ? La bataille, voilà le grand jeu de cette époque guerrière. Que l'on ait eu l'idée d'imaginer des danses avec les costumes des cartes, rien de plus admissible ; mais conclure de ces fantaisies l'invention du jeu de piquet, c'est pousser loin l'imagination. D'ailleurs, qu'avez-vous à objecter à une tradition de famille religieusement transmise, et au témoignage d'un Troyen qui fait autorité en matière d'histoire locale ?

Et l'invincible vierge alla chercher un volume de Grosley, *Mémoire sur les Troyens célèbres*, et me montra le nom et la biographie de son trisaïeul, à côté des noms de Pierre et François Pithou.

Je voulais bien, cette fois, consentir à passer pour convaincu. Il y avait d'ailleurs, dans l'assurance de mademoiselle Picquet, quelque chose d'émouvant qui se communiquait ; une sorte d'enthousiasme mettait des lueurs dans ses rides.

— Vous ne savez pas, reprit-elle, avec chaleur, tout ce qu'il y a de bienfaits réels, de services rendus dans la découverte de ce jeu illustre. Le père Daniel publia à ce sujet une dissertation que je devrais vous lire.

Je fis un soubresaut qui interrompit mademoiselle Argine.

— Oh! n'ayez pas peur, je ne vous la lirai pas. Qu'il vous suffise de savoir qu'en 1720 le père Daniel publia une dissertation dans laquelle il démontre clairement que ce jeu est symbolique, allégorique, politique, historique, et qu'il renferme des maximes très-importantes sur la guerre et le gouvernement.

— En vérité, que la philosophie est une belle chose! m'écriai-je en riant; comment, elle a vu tout cela dans le jeu de piquet?

— Nierez-vous donc, impitoyable railleur, reprit mon interlocutrice, qu'il y ait dans ce jeu une tactique dont on puisse appliquer les préceptes à bien des actions humaines? qu'est-ce que la vie, sinon un jeu?

— Oui, un jeu où l'on perd toujours, ajoutai-je.

— Qu'en savez-vous, jeune homme? répliqua la vieille fille avec gravité. Quand on règlera les parties en haut, qui vous dit que votre enjeu n'aura pas doublé? mais vous n'êtes pas venu pour un sermon. Quoi qu'il en soit, il y aurait une étude curieuse à faire, et qui aiderait à l'étude des passions humaines, ce serait l'étude des divers jeux de cartes en vogue aux différentes époques de l'histoire. Croyez-vous qu'on n'était pas plus calme, plus réfléchi quand on jouait le piquet, et que votre bouillotte avec ses fièvres n'a pas répondu aux tourmentes de vos cœurs révolutionnaires? de nos jours, ce jeu n'était pas encore assez rapide, assez violent, assez fugitif; il fallait un jeu de chemin de fer, et vous avez ressuscité l'insolent lansquenet, cette débauche de corps de garde!

— Je suis fâché de contrarier vos théories, dis-je en

hochant la tête, mais le whist, si froid, si muet, si diplomatique, fait les délices de cette génération impatiente et folle dont vous parlez.

Mademoiselle Argine ne parut pas ébranlée de mon objection.

— Eh! parbleu! me dit-elle, les grandes passions vont-elles sans de grandes hypocrisies? Don Juan n'est pas toujours enivré et haletant; il a ses heures de mesure, de morgue. Les jeunes gens aiment le whist depuis qu'ils font de la politique. C'est un jeu diplomatique, vous l'avez dit. On joue au whist, comme on fait empeser ses faux-cols, pour se donner un air anglais, guindé, sévère, profond. Mais depuis quand la diplomatie n'est-elle pas un mensonge? le whist est un masque.

Votre objection me conduit à vous dire la part que j'ai prise dans l'héritage de ma famille.

La mémoire de mon trisaïeul fut toujours vénérée, et ce portrait a été transmis avec la religion qui s'attache à l'épée d'un héros. Mon père, dans sa piété filiale, voulut que mon nom indiquât doublement ma naissance, et l'on me donna le nom de la dame de trèfle, Argine, l'anagramme de Régina. Oui, je suis une reine; j'ai pour sujets les valets de cœur, de pique, de carreau, de trèfle. Voilà mon royaume; et quand je mourrai, ma dynastie s'éteindra.

Dès ma jeunesse, j'aimai les cartes; jeune fille, j'avais une aptitude étrange pour les sciences exactes, pour les calculs, et j'inventais des jeux de mathématiques qui faisaient rire mon père et ma mère. Quand vint l'âge de la coquetterie et des amours, je fus assez rebelle aux zéphirs, et ma pauvre mère, en hochant la tête, me disait souvent :

— Argine, tu ne te marieras jamais ! nous te mettrons au couvent.

— Bah ! répondais-je, il y aura un malheureux de moins parmi les hommes !

Eh bien, je faillis pourtant trébucher, tout comme une autre. Il y avait un officier du régiment de Penthièvre qui venait à Troyes, dans sa famille. Il me parut beau, comme le dieu Mars, et il jouait au piquet, comme mon trisaïeul. Il se nommait Hector, comme le valet de carreau ; et jamais nom glorieux ne fut plus glorieusement porté. Je me trouvai un cœur en le voyant. Moi, qui n'avais jamais voulu apprendre à faire la révérence, je sentais mes jambes flageoler, et je m'asseyais presqu'à terre quand je l'entendais. Il avait une façon de relever sa moustache qui me ravissait. Je rêvais de son uniforme, de son sabre ; je me voyais affublée de son casque et galopant à ses côtés, comme Pallas qui a donné son nom à la dame de pique. C'était un fier gentilhomme que j'aurais pourtant contraint de déroger. Un jour...

Mademoiselle Argine s'arrêta. Son visage de cire avait pris une teinte blafarde qui trahissait une émotion violente ; sa main tremblait en cherchant sa tabatière sur ses genoux. J'eus pitié de cette douleur.

— Eh bien ! dis-je, voulant abréger le récit, qu'arriva-t-il ?

— Hélas ! il aimait le jeu, vous ai-je dit, il l'aimait trop, il l'aimait mal. Un soir, à la suite d'une partie, un soufflet fut échangé entre celui que j'aimais et un rustre qui essayait de tricher. On tira les épées. Mon héros avait le bon droit pour lui. Le ciel ne manqua pas cette occasion de donner une rude épreuve à la vertu ; mon bel officier fut tué. Oh ! je le pleurai vraiment de toutes mes larmes, car, depuis, je n'ai jamais senti mes paupières humides. Voilà son portrait ; n'est-ce pas que j'avais bon goût ?

Et essayant de comprimer son émotion sous un petit rire, mademoiselle Argine me tendit sa tabatière. Le couvercle représentait un jeune et brillant officier ; il me sembla que le verre fragile qui recouvrait cette image avait été aminci par les baisers.

— Depuis lui, continua ma vieille amie, je n'ai plus aimé, je me suis résignée au célibat ; j'ai voulu porter en paix le deuil de son souvenir ; j'ai vécu, j'ai vieilli, comme on vit, comme on vieillit en province. Seulement au lieu de tricoter, d'élever des chats ou des chiens, j'ai fait de l'algèbre. Je trouvais les femmes de mon âge si vieilles, si folles, si ridicules, que je me suis condamnée à la retraite. Depuis vingt ans, une idée me poursuit sans relâche et prolonge ma vie. Je me suis imposé un grand problème ; j'ai résolu d'inventer un jeu simple et savant comme le piquet, mais qui soit en même temps plein de violence et de mouvement comme la bouillote. Si le bon Dieu me laisse vivre encore un an ou deux, je crois que je réussirai. Je voudrais supprimer complétement le hasard et combiner les cartes de façon à amener une lutte savante, comme aux échecs, avec des repos pendant lesquels la fantaisie, le caprice, l'instinct, aurait sa part. Il me semble qu'un jeu pareil conviendrait à votre génération, si vieille et si jeune à la fois, et c'est un cadeau que je veux lui faire en mourant. Si vous avez encore quelques moments à me donner, je vous expliquerai les premiers éléments de ce jeu nouveau.

Je fis un geste d'assentiment, j'étais pris. J'allais expier enfin ma curiosité. Jusque-là, j'avais eu la part des souvenirs ; je devais endurer aussi celle de la manie. Avalant un soupir, je me disposai à écouter.

Mademoiselle Argine attira à elle le petit guéridon ; puis, avec des cartes et des jetons, elle entra dans une démonstration si confuse, si laborieuse, malgré ses efforts pour la simplifier, qu'au bout de quelques secondes je renonçai à comprendre et je pris le parti de hocher régulièrement la tête, à la façon chinoise, comme si je ne cessais d'être éclairé et émerveillé. Le supplice dura à peu près une heure. Heureusement que mademoiselle Picquet n'avait pas encore complété sa découverte, car je ne sais pendant combien de temps alors sa leçon eût pu se prolonger.

En me reconduisant, et sur le seuil de la chambre, ma vieille amie me serra la main et me dit avec solennité :

— N'oubliez pas, jeune homme, que je vous ai révélé ce soir le nom d'un bienfaiteur de l'humanité. Endormir les douleurs par l'attrait innocent d'un jeu honnête, donner une diversion aux calculs, bercer le cœur d'espérances sans cesse renaissantes, en un mot, faire oublier le plus possible la réalité; croyez-moi, c'est acquérir des droits précieux à la reconnaissance des hommes. On bénit celui qui bâtit des hôpitaux pour les plaies saignantes, on dresse des statues à celui qui met au service de l'ambition son courage et son génie, et l'on méconnaît le philosophe charmant qui pose sur les plaies invisibles le baume qui endort et fait rêver. Vous m'avez promis de réparer cette injustice ; tenez-moi parole.

Je renouvelai à cette bonne vieille, si naïve dans son enthousiasme, si sincère dans ses exagérations, la promesse que je lui avais faite, et je sortis assez indécis de ce que je devais conclure de ses confidences.

Quelques jours après, je quittai Troyes. J'ai appris que mademoiselle Argine Picquet était morte et qu'on avait vendu à l'encan le portrait de son trisaïeul. Avait-elle résolu son problème ? je ne le crois pas. La génération s'en tiendra donc au piquet, à l'écarté, à la bouillote, au lansquenet et au whist.

Quand viendra celui qui opérera la glorieuse synthèse rêvée par mademoiselle Argine, et destinée à réunir, à confondre les émotions et les calculs divers de tous ces jeux ?

En attendant, j'ai tenu ma parole, et j'apprends le piquet.

LE BRELAN

I

L'histoire que nous allons raconter est fort invraisemblable; quelques-uns même, parmi ceux qui n'aiment que les événements contrôlés à la cour d'assises, et qui n'admettent pas d'autres tragédies que celles dont ils ont vérifié les victimes à la Morgue, quelques-uns hausseront les épaules et traiteront ce récit véridique de conte bleu !

Conte bleu ! comme s'il y avait quelque chose d'impossible en France où tant de gens prennent tous les jours la lune avec les dents; comme s'il était plus merveilleux de croire à l'atroce vengeance et au terrible pouvoir dont nous allons raconter les effets qu'à la piété du journal l'*Univers* et au miracle de saint Janvier; ceci dit pour ne pas humilier les miracles français.

Nous attestons donc la parfaite authenticité de cette histoire; et la preuve qu'elle n'est pas impossible, c'est qu'elle arrivera quelque jour; quand le magnétisme sera tout à fait prouvé et démontré, c'est-à-dire (ce qui veut dire la même chose), quand il sera définitivement nié par les savants.

Nous tenons ce récit de la bouche d'un vieil Allemand de la vieille roche; et l'on sait que les Allemands sont incapables de mentir; à preuve qu'ils ont chanté un jour sur l'air de *traderi* qu'ils garderaient leur Rhin allemand, et qu'ils l'ont gardé. Or donc, voici ce que ce vieil Allemand m'a raconté; je ne change pas un mot, c'est pourquoi mon récit n'est pas en très-bon français; je supprime l'accent, voilà pourquoi il n'est pas en allemand.

La scène se passe sous Louis XV. A cause de Mesmer et de Cagliostro, je l'aurais mise volontiers sous Louis XVI, mais j'ai promis de ne rien changer au récit qui me fut fait, et j'affirme de confiance que la scène se passe sous Louis XV.

Voulez-vous le décor? Il a été peint, en Angleterre, par un moraliste de la palette. Hogarth dans une série de tableaux représentant les diverses phases de ce qu'il a appelé *le mariage à la mode* a laissé une toile, intitulée *le Salon,* qui paraît à peu de chose près le prototype du décor que nous avons à décrire.

Figurez-vous dans un appartement fastueux, mais un peu saccagé par une nuit de fête, aux deux angles de la cheminée, un homme et une femme brisés de fatigue, affaissés dans des fauteuils. Sur les parquets et sur les tapis on remarque les traces des piétinements de la foule, là des siéges sont renversés, plus loin des tables de jeu maculées de poudre et de tabac, des cartes éparpillées, des violons et des cahiers de musique entassés dans les angles, les bougies brûlant encore dans les candélabres et dans les lustres, les glaces un peu ternies par la tiède vapeur d'une fête, voilà le tableau d'Hogarth, et voilà, à peu de chose près, celui qu'offrait le salon du marquis de Thurigny.

Nous supprimerons l'intendant venant présenter les comptes, qui dans l'idée du peintre anglais constitue la moralité de l'œuvre, et nous modifierons aussi légèrement les physionomies des deux personnages. Les héros d'Hogarth n'expriment pas seulement la fatigue: la femme tout en bâillant regarde avec dédain son mari qui dans une atonie stupide penche sa tête appesantie par les grossières vapeurs du vin. C'est l'image du désordre complétée par l'ennui et par l'ivrognerie.

Dans l'hôtel de Thurigny, au contraire, aucun dégoût, aucune flétrissure ne se mêlait à l'épuisement. La marquise s'affaissait avec abandon, et l'immobilité du marquis attestait seulement des fatigues et des préoccupations. Rien ne déshonorait, comme dans le tableau d'Hogarth, ce folâtre fantôme que le désordre de l'appartement semblait évoquer.

Le marquis et la marquise de Thurigny, jeunes, riches, ayant su résoudre le problème, difficile alors, de rester amants après une année de mariage, ouvraient leur hôtel au plaisir avec une fièvre folle, avec un vertige; mais jusqu'à cette nuit là rien n'avait troublé l'insoucieux bonheur de ce couple. On l'admirait et on l'enviait, par conséquent on le calomniait un peu. Chacun se demandait à Versailles derrière le paravent de madame de Pompadour, par quel renversement de la chronologie, les beaux jours d'Amadis et Galaor étaient revenus, et cette passion conjugale était si parfaite et surtout si étrange alors, qu'on l'accusait d'être feinte. Il semblait impossible qu'on s'aimât ainsi, naturellement, et quelques-uns voulaient voir dans cette fidélité rigoureuse, un parti pris, un rôle convenu et bien joué. Mais quel eût été le but de cette dissimulation ? Ce ne ne pouvait être la crainte du scandale, puisque le scandale, au contraire, c'était l'amour conjugal !

Quoi qu'il en fût de toutes les conjectures, M. et madame de Thurigny jouissaient, dans toute sa plénitude, de cette belle vie amoureuse dont leur jeunesse et leur fortune alimentaient l'ardent foyer. Depuis un an rien n'avait fait présager à ces amants que leur joie dût se sanctifier en passant à travers le ciel des émotions paternelles, et ils ne s'en plaignaient pas; leur ivresse leur suffisait.

Ce qui étonnait dans l'attachement du marquis et de la marquise de Thurigny, ce n'était pas son enthousiasme, mais seulement son objet, car, il faut le répéter, c'était là la faiblesse de cette époque expansive où l'on s'aimait ardemment, mais le plus souvent en raison même du peu de droits que l'on en avait, et où le devoir constituait plutôt un empêchement qu'une obligation. Ces deux parfaits amants avaient donc, à vrai dire, un seul tort aux yeux du monde, c'était d'être époux ; du reste, ils satisfaisaient exactement au programme du siècle, et les bals, les festins, les fêtes de toutes sortes étaient l'accompagnement incessant de leur mélodie, de leur épithalame. Ils réalisaient cette existence idéale imaginée par les poëtes, et leurs journées se passaient comme celles des héros de Bocace et d'Arioste. Jusqu'où devait aller ce rêve! et la vie humaine pouvait-elle supporter jusqu'à la fin, sans vertige et sans malaise, cette ivresse des sens et de l'âme? — C'est ce que nous ne saurions dire, avant d'avoir achevé ce récit.

M. et madame de Thurigny étaient donc assis aux deux angles de la cheminée de leur salon, après une nuit dans laquelle tout leur luxe, toute leur gaieté, toute leur jeunesse avaient fait accueil à tout ce que Paris avait de plus riche, de plus gai, de plus jeune.

La marquise, nonchalante et fatiguée, comme une maîtresse de maison qui a été la reine par la beauté et par la grâce, mais une reine esclave de la politesse et des égards dûs aux conviés, la marquise roulait avec une paresse mutine sa charmante tête sur le dos de son fauteuil, et semblait, en la berçant ainsi, vouloir faire prendre patience à ses yeux bleus surchargés de langueur.

Mais le marquis ne songeait pas à se retirer : une préoccupation singulière pâlissait son visage. Les yeux démesurément ouverts, il regardait devant lui avec la fixité de la terreur. On eût dit qu'il suivait sur le parquet la marche de quelque hideux reptile. Il crispait parfois ses mains et se cramponnait aux bras de son fauteuil, comme un homme qui se retient au bord d'un abîme.

Ce beau jeune homme, torturé par une grande souffrance et se tordant sous l'ongle d'une pensée, formait un saisissant contraste avec sa belle et nonchalante compagne, qui se renversait sur le bois doré de son siége, secouait sa tête d'où s'exhalait un nuage de poudre, et d'où tombaient, comme des gouttes, les perles de sa coiffure, détirait ses bras mignons, dont elle faisait craquer les mitaines, balançait avec son pied chinois, paré de satin blanc, l'extrémité de sa robe, et achevait de savourer, à travers de petits rires et de petits bâillements, les dernières voluptés de la fête. La folle épouse n'avait pas encore remarqué la taciturnité du marquis. Un soupir profond et déchirant de celui-ci la fit tressaillir ; elle le regarda et pâlit, puis se dressant tout à coup, et courant à lui, elle lui prit la tête dans ses deux mains, la releva, par un geste amical et effaré, lui plongea, comme une lame ardente dans les yeux, un regard où toutes les flammes de son cœur étaient concentrées, et lui cria plutôt qu'elle ne lui dit, avec une voix strangulée :

— Qu'as-tu donc, Julien ?

Le marquis essaya de sourire, baisa convulsivement la main de sa femme et murmura :

— Je n'ai rien, Louise.

Un sanglot mal comprimé démentit ces paroles. La jeune marquise se sentit atteinte jusque dans les profondeurs de son être. Un frisson rapide lui secoua le corps: les serres affreuses du pressentiment se refermèrent sur son cœur, qu'elles étreignirent à l'étouffer. Elle fit un geste de supplication adorable, chercha de nouveau à lire dans les yeux de son mari le secret qu'il lui cachait, mais ce fut vainement : la tristesse du marquis était impénétrable. La pauvre femme demeura quelques instants immobile à le contempler. Elle remuait en elle tous ses souvenirs, toutes ses impressions de la nuit, des jours précédents, de l'année entière, et elle ne trouvait rien qui pût lui servir à expliquer l'étrange accablement de M. de Thurigny. Les flots d'une angoisse amère montaient et lui emplissaient le sein. Le moindre mouvement l'eût fait tomber anéantie : la fièvre promenait ses premières lueurs sous ses orbites : c'était un accès effrayant, dont toutes les issues pouvaient être mortelles.

Julien le sentit. — Il eut pitié de ce long martyre d'une minute, et laissant venir à ses yeux les larmes qui le brûlaient en dedans, il tendit la main à sa femme en disant :

— Oh ! pourquoi nous aimons-nous tant ?

Louise tressaillit à ce mot et comprit que le secret lui appartenait. Par un coup d'œil rapide comme l'électricité, elle explora le salon et les alentours, vit que tout le monde s'était retiré, qu'elle était seule avec son mari : et alors ne se contenant plus, elle se rua sur le marquis qu'elle étouffa d'embrassements. Son émotion se répandait en caresses infinies : elle le serrait avec une rage d'épouse et de mère. Le sentiment d'une souffrance à partager, d'une blessure à guérir, élevait son amour à la hauteur de l'abnégation maternelle. Posant la tête de

Julien sur son épaule, comme celle d'un enfant qu'on endort, essuyant ses propres pleurs qui tombaient sur la joue de son bien-aimé, elle lui disait avec une voix douce faite pour dénouer toutes les cordes de son cœur :

— Julien, mon ami, pourquoi souffres-tu sans moi ?

Et sans laisser à Julien le temps de répondre, elle lui enlevait les paroles des lèvres par ses baisers. Quand ce premier torrent fut passé, quand le désir ferme et médité de prendre sa part des inquiétudes du marquis n'eut plus laissé dans l'âme de Louise que la résignation, elle s'assit aux genoux de Julien avec un enfantillage mélancolique, leva sur lui ses yeux suppliants qu'elle ne détourna plus, colla ses lèvres à la main tremblante de son époux, et attendit avec la soif extatique d'une Marie-Madeleine, la parole de son Dieu.

Julien, de la main qui lui restait libre, se mit à caresser doucement les cheveux dénoués de cet ange qui réclamait si tendrement sa part de douleur, et le front baigné de sueur, comme un agonisant, il commença ainsi :

II

— Tu veux savoir pourquoi je t'ai réservé un si triste lendemain de fête, mon amie ? Le ciel m'est témoin que j'eusse donné ma vie pour t'épargner cette heure douloureuse ; mais elle était inévitable. Une voix m'a tiré de mon enivrement et cette voix jalouse est aussi impossible à fuir qu'à oublier. Il me faut me soumettre et courber la tête. Tu t'étonnes de m'entendre parler ainsi. Moi, ton amant, je recule, j'ai peur !... Ecoute, Louise, n'as-tu jamais été superstitieuse ? n'as-tu jamais songé à ces hasards qui viennent troubler l'ordre des choses, à ce monde obscur au seuil duquel la raison humaine prend les ailes des oiseaux nocturnes et va tourbillonner à travers les plus étranges rêveries ? N'as-tu pas entendu raconter de surprenantes apparitions ? N'as-tu pas entendu parler de ces hommes puissants qui enchaînent et surexcitent à leur gré les âmes ? Oui, eh bien ! rappelle-toi, pour me comprendre, tous tes contes d'enfant, toutes tes terreurs de jeune fille. Car ce monde des fantômes, je l'ai entrevu ; ces effets irrésistibles d'une volonté, je les ai éprouvés. Louise, aussi vrai que tu es belle et que je t'aime, aussi vrai que je sens tes pleurs sur ma main, je te jure qu'un démon s'est emparé de ma vie, que moi, qui te parle aujourd'hui avec un reste chancelant de raison, moi qui puis encore, mais à peine, agir spontanément et penser, demain, si cet esprit le veut, s'il lui plaît que la dernière étincelle que j'ai là, vacille et s'éteigne, demain je serai fou !

Comme M. de Thurigny achevait ces mots, la marquise, dont le regard scrutait obstinément les yeux de son mari, se dressa tout à coup :

— Julien, lui dit-elle, reviens à toi ! Garde ton secret, ne dis rien, je t'en conjure. Ta tête est en feu, ne cherche pas à te souvenir, je ne le veux plus ! Je n'ai pas besoin d'en savoir davantage. Oublie ! oublie !

— Non, dit Julien, tu sauras tout. Va, ne crains rien, si troublée que soit ma pauvre tête, elle aura bien encore assez de force aujourd'hui pour résister à la fièvre.

— Pauvre ami! je t'aiderai à dissiper ces chimères.

— Toi, Louise, tu m'aideras à succomber sous la réalité, ce sera ton plus doux bienfait.

— Soit, répliqua la marquise avec une fermeté héroïque, parle donc, je t'écouterai. Je serai muette jusqu'à ce que tu m'interroges; mais j'exige en retour, qu'après ton récit, tu te soumettes aveuglément. Si ce sont de vains fantômes qui t'obsèdent, le souffle de la femme qui t'aime les dissipera; si des puissances occultes, d'une réalité sinistre, te poursuivent ou t'entraînent, moi qui suis ta compagne, je te suivrai, et dussions-nous tomber dans un abîme, si tu me gardes à tes côtés, que m'importe! Parle donc, j'attends!

Louise alla chercher un fauteuil, s'y acccouda résolûment, puis, devorant ses terreurs, buvant ses larmes, calme et impassible en apparence, elle écouta, statue de marbre et portant en elle un brasier, le récit bizarre que Julien reprit en ces termes:

— Si quelqu'un, Louise, cherchant à expliquer l'accablement où je suis, voulait te raconter les événements qui l'ont amené, il te dirait tout simplement:

« Cette nuit, dans son bal, M. le marquis de Thurigny
» a rencontré un baron allemand, un petit vieillard, maigre qui se nomme le baron de Rosenstein. Ce personnage, inconnu de tous, a entretenu longuement et à voix
» basse le marquis, puis, il l'a entraîné dans le salon de

» jeu, s'est mis avec lui à une table, et chacun alors a pu
» remarquer que M. de Thurigny était très-pâle et le petit
» vieillard très-gai ; celui-là perdait toujours et celui-ci
» ricanait sans cesse. A la fin du bal, le baron s'est
» éclipsé, les poches pleines d'or et les lèvres plissées par
» son plus diabolique sourire. En saluant les invités,
» M. de Thurigny chancelait, soit qu'il fût brisé de fa-
» tigue, soit qu'il fût plus sensible qu'on ne le croyait
» généralement à ses pertes de jeu. »

« Voilà ce qu'on te répondrait, Louise, si tu interrogeais la foule ; car la foule n'a vu que mon front pâle et que l'ironique visage du baron de Rosenstein ; mais moi, qui ai passé cette nuit épouvantable dans les tortures d'une agonie, moi qui ai senti à plusieurs reprises, comme un doigt de feu me percer le crâne et me remuer la cervelle, moi qui n'ai plus que cette heure peut-être à t'aimer en liberté et à pouvoir te le dire, voici le commentaire que je dois ajouter à cette réponse.

» Mon récit sera long, je suis forcé de retourner bien en arrière, mais aucun des détails que je te donnerai n'est indifférent à l'événement de cette nuit.

» Je ne t'ai jamais parlé du marquis Gaston de Thurigny mon père, et tandis que dans notre chambre, le doux et pieux portrait de ma mère semble veiller sur nous et nous bénir, rien ne nous rappelle, à côté de cet ange vénéré, l'homme qui m'a donné son nom et qui m'a imposé la vie avec l'héritage de ses malheurs.

» J'avais fait le serment de ne jamais parler devant toi de mon père, de ne m'exposer jamais à le juger, en essayant de raconter sa vie; l'oubli, c'est la seule malédiction qui soit permise à un fils.

» Cette nuit, hélas! m'a si brusquement transporté dans le passé, et j'ai senti tellement remuer dans l'ombre l'implacable fantôme, que force m'est bien de rompre mon serment, et de regarder face à face cette terrible apparition.

» Le marquis Gaston de Thurigny était un de ces gentilshommes aventureux, pour qui le courage martial est la première, peut-être la seule vertu. Il ne marchandait pas sa vie, et l'exposait sans scrupule; malheureusement cette insouciance le suivait partout, et il mettait l'honneur au niveau de la vie, non pas d'après cette idée qu'il fallait quitter celle-ci quand on avait perdu celui-là, mais parce qu'il pensait que l'un ne valait pas plus que l'autre, qu'on pouvait les jouer et les perdre indifféremment.

» Sa naissance ne l'avait pas placé selon ses instincts. Il avait le bras d'un héros et le cœur d'un pirate. Son élément, c'était la guerre; mais on ne se battait pas toujours, et dans la paix, il regrettait le temps où les gentilshommes se faisaient larrons. Il regardait mélancoliquement son château, avec ses grandes avenues, modestement assis dans la plaine, au bord d'une rivière; il l'eût voulu sur un roc, comme une citadelle, comme un nid de vautours.

» Ce n'était pas pourtant que mon père fût un de ces matamores farouches qui portent des moustaches formidables et sont taillés comme des colosses. M. de Thurigny était mince, élancé, sa figure était douce, ses mains fines et blanches ; il avait une beauté féminine en quelque sorte ; son front s'ombrageait bien de ses cheveux blonds ; rien n'eût fait deviner le fer sous ce velours, son regard seul, parfois, avait une fixité de faucon, et une légère contraction des sourcils trahissait seule ses orages intérieurs. Son enveloppe de gentilhomme était irréprochable, il avait une nonchalance asiatique qui allait à sa figure, les femmes se l'enviaient, et sa grâce extérieure plaida longtemps pour lui ; on se refusait à croire au mensonge de sa bonne mine.

» Tel était, à vingt-cinq ans, avant son mariage, M. de Thurigny. Avec son immense fortune, ses aptitudes sensuelles, ses effrayantes passions, sa beauté, il eût joué merveilleusement son rôle dans le pays de Mahomet ; il était de la race des sultans, mais ses caprices orientaux rencontraient ici trop d'obstacles ; il se trouvait dépaysé, et ce jeune homme digne du sérail n'était en France qu'un débauché dangereux

» Pardonne-moi, Louise, d'insister sur ces tristes détails ; encore une fois ils sont nécessaires, et cette raison est la seule assez puissante pour me faire surmonter la répugnance que m'inspire un pareil tableau. Je te parle sans colère, mais sans faiblesse ; cette heure est solennelle. Pour la première fois de ma vie, je formule tout haut une opinion, un jugement sur mon père, mais je te jure que cette opinion dégagée de tout ressentiment peut monter, sans que j'en rougisse, jusqu'au trône de Dieu ! On ne ment pas, on ne blasphème pas avec sa conscience, et toi, tu es ma conscience visible, mon cœur détaché de moi-même.

» Tu ne t'étonneras pas si, avec le caractère que je viens de te décrire, M. de Thurigny cherchait le bruit et se livrait aux combinaisons les mieux faites pour accidenter tumultueusement sa vie privée.

» Chasseur féroce, convive ardent, joueur fiévreux, le jour dans les forêts à courir les daims, le soir, assis à quelque banquet joyeux, la nuit accoudé sur une table de jeu, il quittait les halliers pour les boudoirs, les boudoirs pour les tripots, portant partout ce besoin de voluptés violentes, cette soif d'acides qui le brûlait sans le consumer. Mais dans tous ses excès, dans toutes ses ivresses, même les plus honteuses, le beau marquis gardait son attitude souriante et hautaine, son luxe de toilette, son éclat juvénile. Il descendait dans toutes les fanges, sans rien gâter de son prestige extérieur ; les vices qui l'escortaient ne le touchaient pas, et la débauche parvenait à peine à décolorer un peu ses joues et à blêmir ses lèvres de femme.

» A vingt-cinq ans, M. de Thurigny n'avait pas encore songé au mariage. Ses amours désordonnées, ses dissipations ne paraissaient pas l'y conduire ; mais un beau jour, le bruit se répandit que Mademoiselle Thérèse de Morvan consentait à disjoindre ses mains pieuses, constamment unies sur son chapelet, pour en mettre une dans la main équivoque du marquis.

» Ce fut un grand scandale à la cour. Madame de Maintenon fit venir M. de Morvan et lui demanda s'il avait perdu son enfant au lansquenet, pour la sacrifier ainsi. En effet, on avait dit à Versailles, qu'après une orgie avilissante pour les deux gentilshommes, ce trafic avait eu lieu, et qu'une carte décida de l'avenir de la pauvre Thérèse. Quelques-uns ont pensé que M. de Morvan, dont la noblesse était douteuse, avait cherché à enter son arbre héraldique sur une souche illustre, et que la beauté de sa fille, ainsi que son immense fortune avaient servi cet espoir ambitieux auprès du marquis de Thurigny.

» Mais qu'importent les causes de ce mariage ! Pour mon malheur et pour ma honte éternelle, c'est assez que le ciel l'ait permis ! Que ce soit par le jeu ou par l'ambition, ma mère fut une sainte et résignée victime. Elle, pure et sans tache, lis arrosé de foi sur les autels, cœur plein de l'encens des fortes et divines amours, elle vint ici traîner sa robe de vierge sur les traces mal effacées de l'orgie. Elle vint offrir inutilement l'intercession de sa vie pieuse, le baptême de son âme candide, pour purifier, pour racheter le cœur de son époux.

» Pendant les premiers mois, les désillusions l'épargnèrent, soit qu'elle fût réellement aimée du capricieux marquis, soit que celui-ci dont l'existence entière fut l'essai de toutes les folies, eût voulu se donner les douceurs de l'hypocrisie, soit enfin que son séjour en France et que le maintien de son rang à la cour, fortement mis en question par sa mauvaise renommée, exigeassent ce sacrifice à l'ordre public, il parut, pendant les premiers mois, respectueux et galant pour sa femme, digne et convenable dans ses rapports avec le monde.

» Déjà l'on s'étonnait de ces six mois de calme et presque de bonheur, on commençait à croire à une conversion, et un jour, la princesse Palatine, qui avait son franc-parler à la cour, interpella ainsi, devant le roi, M. de Thurigny :

» — Ah çà, marquis, vous ne serez donc pas pendu ?

» — Pourquoi désespérer? Altesse, répondit en souriant le marquis.

» Quinze jours après cette réponse, à Versailles, au jeu du roi, il venait si impudemment en aide au hasard, il trichait avec tant d'effronterie, que les gentilshommes qui faisaient avec lui le brelan, lui jetaient les cartes au visage, et que Louis XIV lui envoyait dire de quitter au plus tôt le royaume, s'il n'aimait mieux y rester à la Bastille.

» M. de Thurigny, riant de cette indignation qu'il trouvait fort déplacée dans la bouche d'un petit-fils de Henri IV, rentra à son hôtel, où sa femme, tout heureuse, toute confuse, l'attendait pour lui annoncer que leur union était ratifiée au ciel, puisque le ciel lui donnait l'assurance qu'elle était mère. Le marquis lui fit ses compliments, en même temps que ses adieux, régla le soir même ses comptes avec les gentilshommes qui l'avaient insulté, et après les avoir étendus sur le pré, essuya son épée, se jeta nonchalamment dans sa voiture, fit prendre au postillon la route d'Allemagne, et partit, insoucieux, rayonnant, pour cet exil où il allait chercher de nouveaux plaisirs, de nouvelles amours, de nouveaux compagnons, et peut-être de nouvelles dupes.

» Ma mère pleura longtemps. Elle voyait fuir, avec l'amour, l'honneur de sa maison, elle redoutait pour l'enfant qui agitait ses entrailles l'héritage d'un châtiment. Ah! vos lugubres pressentiments ne vous trompaient pas, ma mère, et la destinée que vous redoutiez pour votre enfant, après avoir paru m'oublier longtemps, s'est enfin souvenue!

» Louise, pardonne-moi d'interrompre mon récit; mais je ne puis te voir me regarder ainsi, sans me rappeler les deux beaux yeux qui se sont éteints dans les larmes; et je veux que par la pensée celle qui m'a si tendrement ouvert la vie descende pour cette nuit auprès de celle qui va si doucement m'ouvrir la mort.

III

» Après le départ de M. de Thurigny, ma mère, qui n'avait plus rien à faire à la cour, s'était retirée en province, dans un triste et vieux château de sa famille, où elle connut, après trois mois d'attente, les joies douloureuses de la maternité.

» Ma naissance, en éclairant l'obscurité désolée où vivait la marquise, transporta ses plus grandes tristesses du présent dans l'avenir; elle me reçut comme une consolation; mais elle me vit grandir avec effroi, comme une victime!

» Que te dirais-je de mes premières années ? elles s'écoulèrent paisibles, recueillies, à l'ombre du vieux manoir. Je fus un enfant silencieux. Personne ne m'apprit à sourire ; les baisers de ma mère, au lieu d'épanouir la vie en moi, semblaient la glacer et l'éteindre. Quittant de sombres et solennels appartements pour les hautes et noires allées d'un parc deux fois centenaire, initié avec une tendresse austère aux premiers éléments de la pensée, n'ayant aucun compagnon de mon âge qui pût me communiquer sa gaieté, son insouciance, je me développai rapidement, mais comme ces tristes fleurs qui, croissant dans les lieux humides, grandissent, sans éclat et sans parfum.

» Jamais on ne me parlait du marquis, et je l'aurais cru mort, si tous les soirs, avant de m'endormir, ma mère, après l'oraison dite en commun, ne m'avait recommandé de prier pour la vie et pour l'honneur de mon père, qui faisait un grand et périlleux voyage. Hors de là, jamais un mot sur cet homme auquel il ne m'était permis de penser qu'en face de Dieu.

» Dix années s'écoulèrent ainsi.

» Un soir, j'étais avec ma mère, sur une terrasse du château qui dominait un petit lac, et nous respirions, après les lourdes chaleurs d'une journée du mois d'août, les frais parfums qui nous montaient de la rive. Assis aux pieds de madame de Thurigny, ma tête sur ses genoux, j'attendais le sommeil, tandis que ma mère, passant lentement la main dans mes cheveux, regardait le ciel avec envie. — Je me rappelle cette soirée, comme si la brise m'apportait encore les senteurs du vallon.

» C'était notre habitude après le dîner d'aller nous asseoir sur cette terrasse. Là, nous attendions la nuit ; et quand toutes les étoiles étaient allumées, quand la fraîcheur devenait trop pénétrante, ma mère m'apprenait à prier dans cet oratoire naturel et splendide, puis faisait une place pour son baiser entre les boucles de ma chevelure, et nous rentrions, silencieux, calmes, mais pleins de ce bonheur mélancolique que tout enfant je goûtais déjà sans m'en rendre compte.

» Or, ce soir-là, nous étions venus, selon la coutume, aspirer la bienfaisante haleine de la nuit. L'heure avançait et nous allions rentrer, quand tout à coup, au moment où la marquise se penchait sur moi pour m'embrasser, trois coups violents frappés à la porte principale du château réveillèrent en sursaut les échos de la vallée et nous firent pousser un cri.

» Quel était ce bruit ? quelle pouvait être l'indiscrète visite qui s'annonçait à pareille heure ? Je regardai ma mère, et, à la pâle clarté de la lune, je vis sur son visage les signes d'une grande épouvante. Elle était debout et tremblait si fort, qu'elle fut contrainte de s'appuyer à la balustrade. J'allais l'interroger, quand je sentis tomber sur mon front deux larmes brûlantes, et quand je l'entendis qui murmurait :

» — Serait-ce lui ? Mon Dieu, que votre volonté soit faite.

» Au même instant des pas se firent entendre, et la marquise m'attira convulsivement sur elle.

» Alors, en nous retournant, nous entrevîmes sur le seuil de la terrasse un homme d'une physionomie sépulcrale, maigre, osseux, voûté, dont les vêtements en désordre trahissaient la misère et les fatigues d'une longue course. Il s'avança vers nous, et je sentis redoubler le tressaillement de ma mère. Cependant, elle fit un effort, comprima son émotion, et me poussa légèrement vers l'étranger en disant :

» — Julien, saluez M. le marquis de Thurigny.

» Ce spectre était mon père.

» Je ne saurais te peindre l'impression sinistre que ces mots produisirent en moi; cependant, courbé par le regard de ma mère, je fis un pas vers le marquis et lui baisai la main.

— Monsieur, dit la marquise en essayant de sourire, voilà bien longtemps que nous vous attendons. Quelle heureuse pensée vous ramène près de votre femme et de votre enfant?

Cette voix douce qui lui faisait si simplement accueil parut étonner M. de Thurigny.

— Ah ! ah ! dit-il avec une certaine volubilité fébrile qui trahissait un désordre dans ses pensées, vous ne m'avez pas gardé rancune, Thérèse, et vous avez bien fait ; ce sera moins maussade. Je suis bien changé, n'est-ce pas ? et je m'étonne que vous m'ayez reconnu. C'est que j'ai bien souffert !... J'ai éprouvé... de grands, d'effroyables malheurs !... Je suis ruiné, et je viens vous demander l'hospitalité de Baucis pour Philémon repentant. L'Allemagne est un pays de sorciers ; on y fait la contrebande des malices de l'enfer. N'y laissez jamais aller notre fils. J'arrive des griffes du diable. Frantz vous racontera cela. N'est-ce pas, Frantz ? Mais où est-il donc ? est-ce qu'il m'aurait abandonné ?... Frantz ! Frantz !

» — Quel est cet homme que vous demandez, dit ma mère ? Si c'est un serviteur, probablement il aide à tout préparer pour vous recevoir ; si c'est un ami...

» — Oh ! non ! Frantz n'est pas un valet ; ce n'est pas non plus un ami ; c'est... parbleu ! je n'en sais rien ; c'est Frantz. Voilà tout.

» Quelques instants après, nous vîmes paraître un petit homme d'une maigreur effrayante, vêtu fort simplement, mais d'habits de deuil. Il annonça au marquis que tout était prêt et qu'il pouvait aller se reposer.

» — Merci, répondit M. de Thurigny. Tenez, madame, ajouta-t-il en se tournant vers ma mère, voilà le compagnon dont je vous parlais. Il sent, comme moi, un peu le soufre, et je le crois cousin germain de l'architecte qui a bâti la cathédrale de Cologne ; mais si c'est un démon, ce n'est pas par la gaieté. Frantz, je te présente à ma femme ; seulement, dis-moi donc à quel titre : es-tu mon intendant ou mon ami ?

» Le singulier personnage s'inclina avec une humilité hypocrite, fit passer en se relevant la réverbération de sa prunelle étincelante sur les yeux de ma mère et sur les miens, puis dit à mon père, d'un ton où l'ironie dominait :

» — Marquis, vous me demandez mon secret, qui je suis pour vous? peut-être bien votre providence.

» — Dis plutôt ma fatalité !

» — Eh ! n'est-ce pas la même chose !

» — Entrons, messieurs, dit madame de Thurigny qui ne pouvait plus maîtriser ses émotions.

» Telle fut, Louise, ma première entrevue avec mon père ; tel fut le retour du marquis auprès de sa femme, après dix années d'abandon et d'oubli.

» Une terreur superstitieuse que je voyais partagée par ma mère, avait tari en moi toutes les aspirations filiales, et ce fantôme qui revenait dans la nuit, ce gentilhomme en guenilles dont les sorcelleries d'Allemagne avaient agité la raison, que suivait ce personnage sombre et énigmatique, ressemblait trop à un mauvais génie, pour que mon cœur l'adoptât. Avant de m'endormir, je demandai à la marquise tout en larmes, si je devais encore prier pour mon père de retour.

» — Plus que jamais, mon pauvre enfant, me dit-elle en m'entourant de ses bras ; et changeant quelque chose à la formule de mes vœux, elle me fit invoquer Dieu pour la raison et pour le salut de l'âme du marquis.

» Le lendemain, M. de Thurigny me fit appeler dans sa chambre. J'y allai en tremblant ; son compagnon mystérieux Frantz était près de lui.

» — Julien, me dit gravement mon père, je t'ai fait venir pour t'interroger. Qu'a-t-on fait de toi, mon fils ? que sais-tu ? que t'a-t-on appris ?

» A cette question je sentis mon âme doucement remuée. Je crus à un symptôme de tendresse, à une velléité d'inquiétude paternelle. J'en fus reconnaissant. Persuadé que j'allais subir un examen, je repassai rapidement dans ma tête les quelques notions que j'avais acquises ; déjà même j'en commençais l'énumération ; quand un rire moqueur du marquis refoula avec mes paroles tous les sentiments pieux qui surgissaient en moi.

» — Ce n'est pas de cela qu'il s'agit, Julien, me dit-il d'un air enjoué, est-ce que tu me prends pour un pédant ? Que m'importe à moi que tu parles comme un cuistre de philosophe, si tu n'as ni les goûts, ni les instincts d'un gentilhomme ! Voyons, mon fils, qu'est-ce que c'est que cela ?...

» Et il tira de sa poche un jeu de cartes qu'il étala sur ses genoux en m'en expliquant les figures et les signes.

» Elevé par ma mère que je n'avais jamais quittée, enfant triste et studieux, j'ignorais complétement la valeur et jusqu'au nom même des cartes. Aussi, je crus que j'avais à rougir de cette ignorance, et ce fut sur le ton d'un regret véritable que j'en parlai à mon père. Mais je compris bientôt mon erreur. Aux sarcasmes de M. de Thurigny, aux confidences dont il entremêlait ses rires, à je ne sais quel pressentiment qui me fit frissonner, je relevai la tête, et regardant fixement le marquis, je me sentis frappé tout à coup de cette idée, qu'il était fou.

» En effet, dans ce moment là, les rayons de ses yeux

3.

s'égaraient dans d'imaginaires visions. Son rire avait une sonorité métallique, et tout en me parlant avec volubilité et incohérence, un mouvement machinal lui faisait battre les cartes. J'eus peur, et je me retournais pour fuir, quand mon regard se heurta au regard de Frantz. Ce fut une commotion, un choc qui m'arracha un cri. Comme les yeux de ces serpents qui enchaînent leurs victimes, ce coup d'œil impitoyable de l'Allemand me cloua au parquet, et la pointe enflammée de ses prunelles fouilla dans mes pensées. Quelque chose, comme l'ivresse ou la folie, me fit affluer le sang à la tête, et je restai là, muet, immobile, pétrifié, tenu pour ainsi dire par des liens de fer; il me semblait que mon front s'élargissait à se frapper des deux côtés aux parois de la chambre, et que des aiguilles enflammées me sortaient du crâne.

» Je ne sais combien de temps dura cette torture ; ce que je puis dire, c'est qu'elle fut épouvantable ; et tandis que j'essayais de crier et d'appeler, j'entendais distinctement des éclats de rire qui se répercutaient en moi, comme si mon sein eût renfermé un écho.

» La voix de ma mère, qui m'appelait du dehors, rompit le charme. Frantz détourna les yeux, je me sentis libre et je courus, en chancelant, à la porte de la chambre où je tombai, presqu'évanoui, dans les bras de la marquise.

» Depuis ce jour, le vertige et ses terreurs planèrent sur le château. Mon père, toujours accompagné de Frantz, qui le servait à table, qui le suivait dans ses promenades, qui marchait dans ses pas, semblait se débattre sous un poids qui écrasait son intelligence. Sombre et ennuyé, il avait parfois des accès d'une gaieté fiévreuse et démoniaque pendant lesquels il demandait à grands cris des cartes.

» Je n'avais point parlé à madame de Thurigny de l'épreuve que l'Allemand m'avait fait subir. Toutes les fois que j'avais voulu m'en ouvrir à elle, une voix intérieure, une terreur à coup sûr suscitée par cet homme dangereux, glaçait les paroles sur mes lèvres. L'effrayante commotion ressentie au premier croisement de mon regard avec celui de Frantz, s'était renouvelée depuis à chaque nouvelle rencontre : aussi une épouvante indicible me faisait-elle demeurer constamment près de ma mère. Quant à elle, calme, triste et dévouée, elle cherchait à lutter contre l'influence pernicieuse qui tuait l'âme du marquis. Armée de sa foi et de sa conscience, elle voulut pénétrer ces ténèbres.

» Un jour, elle fit appeler Frantz, qui d'ordinaire évitait sa présence, et le somma de s'expliquer catégoriquement. Frantz fut respectueux et calme; il répondit qu'un secret terrible l'empêchait de rien révéler sur ses liaisons avec le marquis; qu'il avait une mission à accomplir; que nulle puissance au monde ne pouvait s'opposer à ce qu'elle fût remplie ; mais qu'il hâterait son départ le plus possible.

» Ces derniers mots furent accompagnés d'un sourire équivoque qui glaça ma mère. Elle se tut et tenta auprès du marquis une démarche complètement inutile ;

M. de Thurigny ne voulut pas entendre parler de congédier Frantz ; il se récria comme un enfant, et dit qu'il ne quitterait qu'à la mort ce seul et dernier ami.

» Ma mère résignée abandonna ces deux hommes maudits à leur destinée. Elle comprit qu'une intervention surhumaine pourrait seule rompre les liens qui unissaient Frantz au marquis, et elle attendit, recueillie dans sa piété, dans son amour pour moi...

» Or, le dénoûment approchait, nous le sentions. Chaque jour, les intervalles de raison diminuaient pour M. de Thurigny, et en même temps que sa folie, son étrange sympathie pour Frantz redoublait. C'était plus que l'amitié, c'était une attraction invincible et fatale ; c'était un de ces pactes scellés hors de ce monde, à la lueur d'évocations diaboliques.

» Tout ce que je te raconte là, Louise, te semble impossible : tu doutes ; tu te demandes si ce n'est pas moi dont la raison égarée suscite des chimères ; mais par le ciel qui m'entend, par notre amour, je t'adjure de me croire.

» Comme toi, j'ai douté ; je me suis demandé souvent s'il n'était pas possible de m'expliquer tout naturellement, tout simplement ces faits bizarres de mon enfance ; mais des preuves irrécusables, mais des souvenirs palpitants m'ont confirmé dans mes terreurs ; et d'ailleurs, eussé-je nié jusqu'à présent, cette nuit seule suffirait à me prouver que je ne m'étais pas trompé, et que Frantz était un de ces esprits trop puissants, devant qui tombent les barrières du réel et du possible ; pour qui la mort n'a pas de secrets, la vie pas de refuge, et qui feraient douter de Dieu, si par bonheur ils ne faisaient croire au démon.

» L'humeur de M. de Thurigny s'assombrissait. Ses accès d'éclatante gaieté avaient entièrement disparu ; une sorte de somnolence, de torpeur semblait l'envahir. Les perceptions devenaient moins distinctes ; les objets extérieurs n'éveillaient plus que des idées confuses : de son imagination ardente, de sa soif de plaisirs, de son activité fougueuse, il ne restait plus rien, et personne n'eût reconnu dans cet homme languissant et maniaque le beau gentilhomme des dernières années du grand siècle.

» Trois mois s'étaient écoulés depuis son retour, trois mois d'appréhensions pour ma mère, trois mois d'agonie pour le marquis ; quand un jour Frantz, en habit de voyage, son chapeau à la main, vint faire ses adieux à la marquise, lui annonçant que l'heure était arrivée, qu'il allait quitter le château ; puis se tournant vers moi, il appuya pendant une minute son regard terrible sur le mien, et me saluant avec une gravité ironique :

» — Au revoir, monsieur le comte, me dit-il, avec son accent allemand qui communiquait d'étranges vibrations à sa voix. Nous le vîmes sortir, ma mère et moi dans un silence plein d'anxiété. Ce départ était aussi inintelligible que son arrivée et que son séjour.

» Nous montâmes à la chambre du marquis de Thurigny que nous trouvâmes étendu à terre, affreusement pâle, les cheveux hérissés, haletant, les lèvres pleines d'écume, brisé, comme après une lutte, et le regard dilaté comme après une vision effroyable, il nous fut impossible d'en tirer une explication.

» La mesure était comblée ; le marquis était désormais, et pour toujours, complétement fou. En rentrant au salon, ma mère trouva sur sa cheminée, à son adresse, une volumineuse enveloppe ; elle l'ouvrit et lut dans les nombreuses pages qu'elle renfermait l'explication du mystère. Frantz, en partant, avait laissé comme une dernière menace, comme une dernière vengeance, ce commentaire de sa conduite.

» La marquise, à son lit de mort, m'a permis de lire ce récit étrange ; je n'en ai rien oublié et en voici les principaux faits.

» La nuit a encore deux heures de silence à nous donner ; laisse-moi donc, mon amie, prolonger cet entretien. Hélas ! il doit trop tôt finir.

IV

» Pendant les premiers temps de son séjour en Allemagne, M. de Thurigny, ne sachant que faire et se trouvant dans l'embarras pour employer d'une façon profitable à ses plaisirs les longues journées de l'exil, avait voulu goûter un peu de ces amours sérieuses, de ces affections graves et mystiques que la France ignore. Ne trouvant pas là-bas l'occasion de ces amitiés bruyantes et folles qui l'aidaient si bien à dépenser sa fortune et sa vie, désœuvré au milieu de cette population studieuse, n'ayant qu'une médiocre sympathie pour la bière, M. de Thurigny, par un de ces caprices qui lui étaient familiers, voulut tâter de ce qu'il appelait sans doute l'amour à l'allemande. Quelque peu blasé d'ailleurs sur les tendresses gaies, il lui semblait à propos de se rafraîchir, ne fût-ce qu'une fois, à ce sentiment langoureux et mélancolique.

» Il choisit sa victime avec la patience, le calme et la sagacité d'un chasseur consommé. Il voulut pour l'expérience, ou plutôt pour le jeu de sa fantaisie, un de ces cœurs méditatifs, toujours entr'ouverts aux brises idéales. Il lui parut charmant de gaspiller les fleurs pures d'un de ces jardins célestes, de faire apostasier un de ces anges blonds toujours agenouillés au calvaire de la passion allemande. — Ce fut une pensée impie, nous en supportons le châtiment ; Louise, le sacrilége du père est expié par le fils !

» M. de Thurigny, jeune, beau, doué d'un prodigieux esprit, sachant adapter à sa physionomie tous les langages, tous les mensonges, était un irrésistible tentateur. Il avait la souplesse, l'éclat, la malice du serpent de la Bible, aussi, bien des regards curieux le guettaient-ils au passage, quand il se promenait dans les rues de Cologne, nonchalant et gracieux, affectant l'ennui poétique des âmes inoccupées, tandis qu'à travers le masque de sa mélancolie il scrutait autour de lui avec convoitise et mettait ses désirs à la piste de l'innocent gibier qu'il brûlait d'atteindre.

» Le choix du marquis fut bientôt fixé. Il avait remarqué dans les temples et sur les promenades une jeune fille de seize ans à peu près, dont la beauté rayonnait sur son front calme entre les rideaux de ses longs cheveux blonds. Quelque chose d'harmonieux et de pur qui s'exhalait d'elle révélait l'immaculée candeur de son âme. C'était un lis animé. M. de Thurigny la choisit comme l'holocauste de ses débauches. Chaque symptôme de vertu qui se révélait en elle était un nouvel appât offert à sa volupté. Plus la coupe étincelait, plus il avait hâte d'y boire.

» Cette jeune fille marchait toujours escortée de deux jeunes gens du même âge, graves et austères. Le marquis, d'abord un peu surpris de ces deux ombres masculines, pour une si transparente vision, apprit bientôt que de ces deux jeunes hommes l'un était le frère, l'autre le cousin, et que la paix la plus religieuse des sens et de l'âme maintenait ces trois êtres au niveau d'une vie paisible et douce.

» Surprendre l'amitié et la confiance de ces deux vigilants satellites de son étoile, ce fut la première idée qui lui vint et le premier acte qu'il accomplit. Il se fit rêveur avec un si séduisant abandon, il prit si bien le soin de se trouver partout au-devant des deux amis, avec son regard penché, que bientôt ces deux cœurs simples et francs s'imaginant trouver une blessure à fermer, un chagrin à consoler, s'approchèrent avec effusion du pâle inconnu. Le marquis resta longtemps morne et taciturne. Irritant la sympathie curieuse des deux Allemands, il paraissait vouloir ensevelir, dans le silence et l'isolement, l'amertume de ses souvenirs. Mais les deux amis redoublèrent de tendresse, et quand il céda, ce fut comme vaincu par leurs instances.

» Alors, commencèrent des épanchements, sublimes en apparence, quoique imaginaires au fond pour le marquis, des étreintes, des causeries intimes, des projets d'avenir, tout l'échange de ces bonnes et chaudes paroles qui font, dans la jeunesse, des heures d'amitié autant d'heures d'inspiration et de génie.

» Carl et Walter, esprits droits et inflexibles, mais d'une naïveté de savants, étudiaient, le premier l'astronomie, le second la médecine.

» Carl était le frère d'Elisabeth, et Walter, comme nous l'avons dit, son cousin. Orphelins tous les trois, ils vivaient ensemble, abrités par leur affection d'enfance et par le souvenir des parents qui les avaient confondus dans leurs caresses. Elisabeth était la fée du logis. C'était elle dont la délicate prévoyance préparait la vie matérielle à ses deux compagnons. Son frère Carl était l'ambitieux ; il avait pris pour tâche d'approvisionner de gloire la communauté, et ses chères étoiles étaient le centre de ses aspirations ; il vivait plus dans le ciel que sur la terre ; Walter, que ses travaux anatomiques forçaient à envisager souvent la vérité dans ce qu'elle avait de plus matériel, rattachait la petite colonie au monde par les liens positifs. C'était lui qui réglait le budget et emplissait la caisse, mais il donnait sans affectation et on acceptait sans honte, tant il semblait impossible à ces trois amis que tout, idées, affections, bien-être, ne fût pas en commun.

» Walter songeait tout bas àprendre quelque jour Élisabeth pour femme : mais si ce projet germait en lui, il le cachait soigneusement, ne voulant troubler d'aucune façon la sécurité, la quiétude de Carl et de sa sœur, et ne voulant pas qu'on attribuât son dévouement à des motifs d'intérêt.

» M. de Thurigny fut reçu par le trio, simplement et cordialement, comme si la famille, au lieu de trois membres, en comptait désormais quatre. On ne lui demanda même pas de raconter ses chagrins : il fut accepté sur la garantie de sa belle figure voilée par la mélancolie : son attitude touchante dispensa d'interrogatoire. Ce paradis de la naïveté allemande s'ouvrit sans hésitation à l'astucieuse candeur du démon : les pervenches et les fleurs symboliques sous lesquelles il rampait, cachèrent la tête du serpent.

» Carl lui montra son observatoire, lui expliqua ses entretiens mystérieux avec la nuit, et le prit pour confident de ses amours sidérales. Walter lui étreignit silencieusement la main, mais cette étreinte signifiait un dévouement immuable, profond. Élisabeth baigna le front du marquis des lueurs douces et tremblantes de ses yeux : elle l'accueillit sans défiance et se prit à l'aimer ingénûment : il ne fut donc pas difficile à M. de Thurigny de marquer son but et d'y atteindre : la victime s'offrait à lui. Grâce à sa merveilleuse hypocrisie, aux languissantes douceurs qu'il sut donner à son regard, aux promenades solitaires, aux entretiens du clair de lune, au chaste cortége dont s'entoura sa passion, mon père eut bientôt attaché invisiblement à lui l'âme d'Élisabeth.

» Carl et Walter virent cet amour et s'en réjouirent. Il ne leur vint pas à l'idée de surveiller les deux amants. Naïfs et confiants, jugeant d'après leur cœur, ils craignirent de profaner, par une inspection indiscrète, le pieux sentiment dont le parfum leur était révélé. Walter seul fut quelques jours triste et soucieux. Il regrettait son rêve perdu : mais se résignant dans la pensée du bonheur d'Élisabeth, il attendit, ainsi que Carl, le moment de consacrer cette union. Ces deux braves et loyaux Allemands ne s'imaginèrent pas que de si purs serments cachaient une séduction. N'ayant jamais interrogé M. de Thurigny sur sa vie passée, ils ignoraient son mariage, et dans le plus profond de leur cœur, ils bénirent l'étranger qui apportait à leur sœur commune l'amour et ses extases, et à eux, dans l'avenir, l'ivresse et les doux soucis d'une famille.

V

» Pour le marquis, l'amour immatériel était le moyen ; aussi s'impatienta-t-il d'en être encore à ces délicieuses prémisses, et voulut-il achever son œuvre ; mais le feu de ses sens n'atteignait pas la blanche et candide Allemande. Élisabeth avait transporté son amour dans ces régions presque inaccessibles où l'on parvient en descendant du ciel, jamais en montant de la terre.

» Cette contenance séraphique, cette attitude, ne déconcerta pas mon père, mais l'irrita. Il résolut d'en finir par la ruse et par la violence, au besoin. D'ailleurs, cette comédie lui paraissait niaise et fatigante, et tout son passé de débauches et de rouerics se révoltait contre ce temps perdu à débiter de vains propos.....

» Un soir, il fit boire à Élisabeth un terrible breuvage. Dès que la liqueur eut pénétré les veines tranquilles de la pauvre enfant, un effroyable incendie lui emplit le sein : sa tête échauffée de miasmes impurs s'égara : une ivresse désordonnée vint secouer tous ses membres engourdis jusque-là dans les liens d'une virginité sévère. Mon père, hélas ! put assouvir son crime dans les étouffements fiévreux d'une folle.

» En effet, la dose de poison avait été trop forte : Élisabeth eut le triste avantage de perdre la raison en même temps que l'honneur. Elle n'eut pas à rougir de sa souillure : et trois jours après cette heure d'amour sacrilége, elle mourut, torturée par la plus effrayante agonie, mais n'ayant plus conscience d'elle-même, brûlée par le feu de ses entrailles, hurlant sa douleur, et se débattant sur sa couche profanée, comme sur un brasier.

» Mon père n'avait voulu que la moitié du crime : mais il en accepta l'autre part avec audace. Le débauché ne renia pas l'assassin. Il attendit, calme et dédaigneux, seulement un peu pâle, que la vengeance se levât.

» Carl vint le premier. Le pauvre savant, les dents contractées, les yeux démesurément ouverts, se rua, une épée à la main, sur le marquis. Celui-ci n'eut qu'à étendre le bras : et le frère d'Élisabeth, percé au cœur dans son attaque insensée, tomba, en léguant sa vengeance à Walter. Mais Walter, par une inexplicable résolution, parut renoncer à l'héritage de son ami. Sans verser de pleurs, sans laisser échapper une plainte ou une injure, il ensevelit Élisabeth et Carl, mit dans leur cercueil une poignée de ces fleurs bleues d'Allemagne, qui veulent dire : *Ne m'oubliez pas*, rentra au logis, fit son paquet, mit ses livres sous son bras, ferma la porte de la maison en deuil, et partit de Cologne sans s'occuper du marquis, sans ramasser l'épée de Carl, sans charger la justice du soin de punir l'attentat commis sur Élisabeth.

» M. de Thurigny s'étonna de ce départ et sourit : mais, tu pressens, n'est-ce pas, Louise, que la vengeance de Walter n'était que suspendue : que cette retraite n'était qu'un piége, et, tu vas le voir, la colère contenue fut implacable dans sa férocité.

» Walter était un de ces hommes de bronze, qui n'ont qu'un sentiment dans leur vie, auquel ils se donnent tout entiers. Jusque-là, il avait aimé Carl et Élisabeth. Hors du cercle de ses travaux et de ses études, il ne donnait d'autre aliment à son esprit que cette pure affection. Après le crime du marquis, lorsque son âme ravagée eut perdu ces objets de sa tendresse, un désespoir terrible s'empara de lui. Avant cette catastrophe, son existence avait été dévouée à l'amour, elle le fut désormais à la haine : mais il se mit à haïr comme il avait aimé, avec abnégation, avec une furie froide, avec une préoccupation de tous les instants. Il n'eut plus à respirer que pour atteindre un but : celui de sa vengeance : seulement, il avisa froidement au châtiment du marquis; il ne voulut pas courir les chances d'un duel qui eut égalisé la partie. Il considéra M. de Thurigny comme un criminel, non pas comme un ennemi : et au fond de sa conscience il le jugea, mais il attendit pour appliquer l'arrêt : l'heure n'était pas venue.

» Des années se passèrent : le marquis était allé à Vienne où quelques gentilshommes français l'introduisirent à la cour. Son faste, ses grandes manières, sa gaieté licencieuse, lui firent bientôt un cortège de tout ce que la ville impériale avait de jeunes débauchés.

» Une nuit, pendant le carnaval, il s'aperçut qu'il était suivi depuis le commencement du bal par un homme masqué dont les yeux étincelants semblaient, par leur opiniâtre attention, ou bien veiller sur lui avec un zèle exagéré, ou bien l'espionner. Tout mystère qui ne cachait pas une femme ne valait pas pour lui la peine d'être sondé ; aussi ne s'en inquiéta-t-il pas autrement.

» Mais, le lendemain et les jours suivants, il retrouva derrière lui, à dix pas, cet homme masqué avec le même regard, la même persistance. C'était ou une gageure ou une manie, quelque écervelé qui cherchait un duel pour se mettre à la mode, quelque lourdaud d'Allemand qui se faisait le reflet du marquis pour calquer sa grâce. M. de Thurigny se demanda s'il prendrait la peine de châtier cette ombre importune ; mais il pensa : — A quoi bon ! — et il attendit.

» Cependant, il commença à s'apercevoir que le regard étrange de ce domino ne se fixait pas impunément sur lui. D'abord, ce fut comme une vague inquiétude, comme une légère douleur, puis, peu à peu, il lui sembla qu'une chaleur sourde mais violente lui entrait par les yeux dans la tête à chaque nouvelle rencontre ; puis des symptômes de vertige, d'ivresse le saisissaient. Il ressentait, en cherchant à soutenir l'éclat des prunelles du masque, les contractions nerveuses qu'on éprouve devant une plaque de cuivre où tombe d'aplomb le soleil.

» Cela finissait par tourner à la torture ; aussi une nuit, M. de Thurigny aborda-t-il résolûment son muet compagnon, et le somma-t-il de s'expliquer sur son étrange obsession. L'œil du mystérieux personnage sembla redoubler d'étincelles. D'une voix creuse à laquelle il cherchait à donner de l'enjouement :

» — Marquis, lui dit-il, nous autres pauvres débauchés d'Allemagne, nous sommes si niais, si empêtrés dans notre désinvolture, que j'ai cru pouvoir me permettre de vous suivre et de vous étudier, vous le gentilhomme le plus intrépide dans ses plaisirs ; mais je commence à désespérer. Vous excellez dans tous les vices ; moi je n'en ai qu'un qui me fasse honneur.

» — Lequel ? demanda mon père surpris, mais au fond flatté de cette réponse.

» — Le jeu, reprit le masque.

» — Peste ! fit mon père avec un soupir, vous vous plaignez et vous aimez le jeu !...

» —Oui, je l'avoue, poursuivit l'étranger, le frottement des cartes est la plus douce des harmonies pour mes oreilles ; mais que je suis loin de leur faire parler le sublime langage qu'elles ont entre vos mains ! Si vous le vouliez, monsieur le marquis, vous me rendriez le plus heureux des hommes en acceptant une partie avec moi ! Ne me refusez pas, je vous en prie.

» Ces derniers mots furent dits avec un accent de commandement qui les démentait; et l'étranger les accompagna d'un si énergique coup d'œil, que M. de Thurigny se sentit ébranlé. Il chancela presque, et il lui sembla qu'une force secrète et invincible le poussait à accepter.

» Il était homme à jouer avec Satan en personne, et le mystère qui enveloppait le masque n'était pas fait pour l'effrayer, bien au contraire !

» — Soit, dit-il, monsieur le ténébreux, j'accepte, à quel jeu nous mesurerons-nous ?

» — Au brelan, s'il vous plaît, marquis.

» — Va pour le brelan ! Mais ce noble jeu demande, pour être piquant, au moins trois rivaux, et nous ne sommes que deux ?

» — J'ai un mien ami, toujours prêt à me suivre dans ces entreprises, je l'amènerai.

» — J'y consens, dit mon père, à quand notre première entrevue ?

» — A demain, monsieur le marquis, mais, un mot avant de nous quitter. Des motifs puissants, des raisons de politique me forcent à un déguisement. Je n'irai m'asseoir en face de vous qu'avec ce costume et ce masque. Plus tard, peut-être, serai-je libre de me faire entièrement connaître. Jusque-là puis-je espérer que vous respecterez mon incognito ?

» M. de Thurigny s'inclina courtoisement. Quelque chose d'irrésistible le poussait à accéder à tout. L'heure et le lieu du premier rendez-vous furent convenus. La mise de chacun fut réglée, et le lendemain, dans la partie la moins bruyante d'une taverne, sous les nuages amassés au plafond par la fumée des pipes et des lampes, commença ce jeu étrange dont le prélude fut plein de mystère, le dénoûment plein d'épouvante.

» Les trois joueurs s'attablèrent en silence ; le marquis, non pas précisément inquiet, mais aiguillonné par une curiosité superstitieuse. Il ne croyait à rien, mais s'il se fût converti, son premier acte de foi eût été pour le démon, de sorte qu'il n'était pas très-éloigné de la pensée que ce masque pouvait cacher le front sulfureux de quelque génie infernal. Il ne s'en effrayait pas ; mais cette énigme pressentie lui occasionnait à l'endroit du cœur des tressaillements, des contractions dont il s'étonnait lui-même.

» Il se sentait de plus en plus fouillé et brûlé par le regard de l'inconnu, et toute son audace restait impuissante contre cette attraction douloureuse.

» L'homme masqué avait la tenue d'un spectre. On entendait seulement son souffle passer à travers les ouvertures du masque. Il battait lentement les cartes, et à part le peu de mots exigés par le jeu, il conservait une immobilité lugubre. Le personnage amené par l'étranger faisait son rôle machinalement, comme un automate. Mon père voulut jeter d'abord quelques plaisanteries entre les deux compagnons, mais sa gaieté se glaça, et il n'apporta plus qu'une application sérieuse et exclusive au jeu.

» La mise, en commençant, n'était d'abord que d'un louis. Mais peu à peu on la tripla, et une heure après, les buveurs de la taverne s'éveillaient en sursaut, en entendant nommer des sommes dont la moindre ne descendait pas au-dessous de dix mille livres.

» M. de Thurigny perdait, mais son ardeur s'en augmentait. Toutefois, il ne gardait pas l'impassibilité qui lui était naturelle. Malgré lui, une sorte de terreur fiévreuse lui atteignait le cœur. Il avait beau se roidir contre cette émotion, il se sentait envahi, subjugué par une influence maligne, il comprenait instinctivement que le secret de cette partie était un abîme, mais il y allait.

» Le vertige lui dressait par instants les cheveux, et plusieurs fois il s'arrêta pour essuyer son front qui ruisselait. A chaque halte, l'homme masqué lui disait : — Vous reculez, monsieur le marquis ! — Et le marquis, à demi-fou, emporté par la furie, reprenait les cartes, voulait rire et ne trouvait dans son gosier qu'un son rauque. Plus il cherchait à saisir la chance, plus il la voyait fuir. Cette entrevue se prolongea jusqu'au matin.

» Aux premières lueurs qui glissèrent à travers les vitres

épaisses de la taverne, l'homme masqué se leva, jeta les cartes et dit :

» — Assez pour aujourd'hui !

» Mon père, lui si impatient et si fier d'habitude, qui commandait aux joueurs et n'obéissait jamais, n'osa pas résister ; il subit la volonté de l'inconnu qui le dépouillait et murmura : — A demain ! — Puis, chancelant comme un homme ivre, soutenant à peine le fardeau de sa tête, il rentra bouleversé, comme par le poison.

» A part la conduite de ses deux compagnons, un incident de la partie avait troublé mon père. Plusieurs fois dans la soirée il avait, avec un brelan de rois, risqué des sommes considérables qu'à chaque fois il avait perdues, son adversaire ayant en main un brelan supérieur ; soit que le hasard seul lui fît cette ironie, soit que les joueurs eussent un moyen secret et habile de forcer la fortune, le marquis, dont l'œil habitué à toutes les supercheries, ne découvrit rien de suspect, fut abasourdi de ces singulières combinaisons. Chose bizarre ! ce brelan de rois si fatal revenait toujours le même : roi de cœur, roi de trèfle, roi de carreau !

» Le marquis fut plus ému qu'il ne voulait le paraître de cette circonstance, et dans le court et fiévreux sommeil qu'il prit à la suite de cette séance, il vit, en songe, se promener sur le pied de son lit les trois rois des cartes qui passaient gravement dans leurs robes de lampas, lui souriaient à travers leurs barbes bleues, et laissaient tomber de leurs grandes manches une pluie de pièces d'or.

»Ce cauchemar acheva de le terrifier, et quand la nuit suivante, il se retrouva en face de ses mystérieux compagnons, son cœur, éteint par les débauches, se mit à battre violemment, comme s'il se fût trouvé tout jeune, plein d'illusion et d'ardeur, à son premier rendez-vous d'amour !

» Cette seconde entrevue se passa comme la première. Le marquis éprouva les mêmes pertes, les mêmes émotions, les mêmes fièvres, subit encore la fascination de l'inconnu et se sentit impuissant contre elle. Rien de ce qui l'avait bouleversé la veille ne lui manqua, pas même le cabalistique brelan qui reparut trois fois, toujours le même, et toujours aussi fatal.

C'était à égorger les deux joueurs auxquels il profitait ou à devenir fou. La raison du marquis s'ébranlait, son activité bouillante, son agilité dans les passions avait fait place à une torpeur insurmontable. Il se voyait écrasé par une pression mystérieuse, et il cédait lâchement. Il ne pouvait même pas vouloir. Sa pensée, dès qu'il l'éveillait dans sa tête, se rompait, son intelligence était déchiquetée par un vautour dont il sentait le battement des ailes de chaque côté de son front. Je ne te raconterai pas toutes les phases de ce supplice inouï ; qu'il te suffise de savoir que pendant un mois, M. de Thurigny vint dans ce tripot se livrer à l'infernale puissance de l'homme masqué. Pendant un mois, il vint défendre avec les cartes, pièce à pièce, toute sa fortune qui s'en allait avec sa raison ; pendant un mois, par un miracle de sorcellerie, l'immuable brelan de rois vint tenter mon père, et, à chaque fois qu'il le jouait, vint hâter sa ruine.

» Enfin, quand épuisé par cette agonie, devenu sec et blême, les yeux dilatés par la terreur, poursuivi de superstitions bizarres, s'imaginant, par exemple, voir flotter partout au-devant de lui les fantômes railleurs du roi de cœur, du roi de trèfle, du roi de carreau, il vint s'asseoir à la table maudite où toute son âme avait été jouée, ce fut avec le tressaillement d'un homme lassé qui tombe dans le repos, avec le soupir d'un mourant qui se retourne pour dormir dans son suaire, qu'il jeta son dernier louis sur la table et se renversa sur son siége en murmurant :

» — C'est fini ! je n'ai plus rien ! maintenant, laissez-moi.

» Un silence suivit ce sanglot. Les paupières baissées, comme s'il réfléchissait, M. de Thurigny se laissait emporter par le tourbillon qui passait librement à travers sa tête. Replié sur lui-même, il attendait le dénoûment, la crise, quelle qu'elle fût, destinée à clore ce drame : et le plancher rugueux de la taverne se fût ouvert sous ses pieds pour laisser échapper le soufre et la flamme qu'il n'en eût pas été étonné. Évidemment, l'enfer avait été jusque-là trop de la partie pour que le démon ne se manifestât pas à la fin.

» L'homme masqué ramassa le dernier louis du marquis, congédia d'un geste son acolyte, le tiers amené par lui pour compléter le jeu, et devenu désormais inutile, puis il dénoua son masque qu'il jeta derrière lui.

» Alors, mon père que ces brusques mouvements avaient tiré de sa stupeur, redressa la tête et reconnut devant lui, dans les traits contractés de Walter, le visage étincelant de la vengeance que le masque avait abrité si longtemps. Une illumination soudaine, comme un coup de foudre qui éclaire un abîme, lui expliqua tout. Il comprit que c'était l'heure pour lui d'une expiation formidable. Quelque chose de l'irritabilité du gentilhomme lui fit d'abord crisper les poings et se redresser comme pour souffleter cette Némésis, et la provoquer ; mais un regard perçant de Walter le repoussa rudement sur son siège. Il y retomba anéanti et resta immobile, hébété, les deux mains tendues en avant, pétrifié sous le regard imposant du dernier ami d'Elisabeth.

» Walter le contemplait avec cette fierté de l'archange qui tient son glaive de feu sur le front du démon. Debout, grandi par la colère, pâle, maigri par la fatigue de son œuvre, mais transfiguré par l'exaltation, les prunelles baignées de lueurs surnaturelles, il savourait avec une âpre volupté les angoisses du marquis ; il trempait avec une joie sinistre les pointes de son regard dans la sueur qui roulait sur le front plissé de mon père. Après quelques instants de ce triomphe, Walter fit un geste de commandement et dit :

» — Écoute ! je le veux !

» Et le marquis, obéissant à cette voix souveraine, se mit en mesure d'écouter.

» — Tu m'avais oublié, reprit Walter avec une voix éclatante. En me voyant fuir de la maison en deuil, tu t'étais dit : Carl était un fou, celui-ci est un lâche! — Et tu avais ri, n'est-ce pas ? Mais, par l'âme immortelle de la vierge que tu as immolée, je ne t'oubliais pas, et tu étais un insensé de le croire. Je n'ai pas ramassé l'épée de Carl, parce qu'elle eût pu se briser entre mes mains; parce qu'en admettant même que je te l'eusse planté dans le cœur, cette expiation m'eût semblé insuffisante, frivole. Pour le crime que tu as commis, c'était peu de l'agonie d'un instant; la mort serait venue trop tôt. Je me suis vengé avec mes armes. Je ne suis pas un gentilhomme, moi, mais un médecin ; je ne tue pas avec l'épée; je dissèque avec le scalpel. J'ai attendu. Je t'ai laissé librement agir. Je tremblais que quelque nouvelle infamie de ta part ne détournât, au profit d'une autre vengeance, la punition de ta vie ; mais depuis Carl et Walter, tu n'as déshonoré que des lâches, et l'ignominie de tes victimes t'a gardé pour moi. Gentilhomme orgueilleux, débauché cynique, je te tiens! tu ne peux pas fuir. Essaie! mes deux yeux clouent ton front à ce dossier plus sûrement que des pointes de fer. Tu m'appartiens désormais et pour toujours. Partout où tu marcheras sous le soleil, moi, je marcherai dans ton ombre, jusqu'au jour où tu te courberas jusqu'à mes genoux pour entrer dans le tombeau. Je ne regrette plus les années laborieuses qui m'ont dévoré, puisqu'elles ont atteint ce résultat. Mes sueurs ont germé, et ma moisson commence!

» Au moment où ton caprice infâme ternissait la plus douce fleur qui se soit penchée sur le Rhin, je me consolais de l'amour d'Elisabeth pour toi, en étudiant, en étouffant mon cœur sous la science. Ma pensée avait troué le monde visible, et j'entrais en rampant dans ce monde, à côté du nôtre, où tous les fils qui font mouvoir notre machine sont étiquetés, numérotés et peuvent jouer au gré d'un audacieux comme moi. Je découvrais les rapports mystérieux des âmes entre elles. Mon initiation fut interrompue par le râle d'Elisabeth et par la mort de Carl. Tu me forças à me retourner dans ce monde-ci ; mais je jurai que ce ne serait pas impunément !

» J'entrevoyais un moyen d'utiliser mes travaux. Ce que j'avais reconnu de l'empire d'une volonté formidable sur les lois de notre être me détermina à te tuer lentement, à grands coups de mon âme sur la tienne. Mais avant de tenter cette épreuve qui pouvait user ma vie, je voulus ne pas douter, ne pas hésiter un seul instant, et faisant taire les mugissements de ma haine, j'allai loin de toi, lire, étudier, sonder de nouveau, forger dans le silence les armes terribles avec lesquelles je devais revenir.

» Ma vengeance me coûta cher : vingt fois je désespérai ; vingt fois je fus tenté de laisser là mes expériences, de courir sur toi avec un poignard ; mais quelque chose me soutenait. Je croyais trop à ma colère pour ne pas croire à la possibilité de ses effets.

» Dans le mystère de ma retraite, j'aiguisai mon esprit et mon regard, je payai des victimes dont je fis des automates, et quand après des années de labeurs ardents, de veilles, d'angoisses, je fus convaincu de ma puissance, j'eus la certitude de faire bouillonner en toi à ma volonté les effluves de la pensée, je me mis sur ta trace, je te suivis, je me fis le chien vigilant de ton ombre, et à chaque fois que tu te détournais, je te plongeais, comme un fer rouge, l'œil dans le tien.

» Tu as compris, n'est-ce pas, que la haine m'a fidèlement servi et que je me venge enfin. Depuis notre première rencontre, ta raison chancelle, tu doutes, tu as en toi toutes les griffes de la peur, tu te sens maudit : Eh bien! écoute, et sache quels flots amers tu as encore à boire avant que je te permette de mourir!

» Tu es à moi, et non-seulement tu ne peux pas te soustraire à ma puissance, mais tu ne peux pas même le vouloir. Je t'ai ruiné, je t'ai débarrassé de tout ce qui empêchait que tu fusses complétement mon jouet. Mon dessein sur toi, le voici : tu subiras la peine du talion. Dans les monstruosités de tes caprices, ton haleine empestée a soufflé la folie dans les veines d'Élisabeth ; eh bien ! beau gentilhomme à l'esprit vif et libre, tu sentiras à ton tour les étouffements de la déraison, tu seras fou ! Ta pensée, que je tiens comprimée sous la mienne, se débattra vainement, je te laisserai des intervalles lucides, pendant lesquels tu pourras observer et mesurer toi-même ton dépérissement, assister à ta chute ; tu seras le témoin de ton agonie ; tu auras jusqu'au bout la conscience de ta dégradation et tu la subiras par une loi fatale. Mais, sache-le, tu ne réfléchiras que sur mon ordre, tu ne te souviendras que quand j'y consentirai...

désormais, je ne veux plus, je ne dois plus être pour toi, Walter, l'imprudent ami de Carl; oublie ce nom, je te l'ordonne... je suis ton intendant, ton valet, ton homme nécessaire, je m'appelle Frantz, et l'affection jalouse que nous avons l'un pour l'autre, nous empêchera de nous quitter jamais. — Marquis, nous allons voyager par l'Allemagne, je paierai partout pour toi et je ne te demanderai jamais de vérifier mes comptes ; je suis généreux, tu le vois. — Je ne te dis pas combien de temps tu es condamné à vivre; j'y songerai !

» Tel fut, Louise, l'entretien de mon père avec son juge.

» Terrifié plus qu'on ne saurait le dire, rampant sous le regard de Walter, il alla, conduit par cet homme étrange à travers toute l'Allemagne, promenant sa décrépitude aux endroits où sa jeunesse, son luxe, sa forfanterie licencieuse, avaient le mieux fait briller son nom, esclave d'un compagnon qui semblait en public ne l'aborder qu'en se courbant, M. de Thurigny erra longtemps ainsi, assiégé de fantômes, dévoré de fièvres.

» Au bout d'un an, son bourreau le ramena en France, dans le château de la marquise de Thurigny et tu sais quelle impression lugubre fit sur moi la première apparition de mon père. Là, Frantz, ou plutôt Walter, poursuivit obstinément son œuvre. Eteignant peu à peu ce flambeau qui vacillait sous son souffle, il savoura pleinement la joie de sa vengeance ; puis, quand il eut bien déraciné sous ce front flétri les dernières branches auxquelles se retenait la raison du marquis ; quand il eut bien usé de ces alternatives douloureuses de lucidité et de folie, il compléta sa tâche, et à l'aide d'une fascination arrivée par ce continuel exercice à une force incommensurable, il repoussa pour toujours dans le tourbillon, dans la nuit, dans le chaos l'âme hébétée de M. de Thurigny.

VI

» Après le départ de Frantz et la lecture de sa lettre, ma mère, triste, mais patiente et dévouée, fit installer auprès d'elle le misérable fou dont elle devint désormais le guide, le soutien, la providence. — Le château ressemblait à un sépulcre, la sérénité grave d'autrefois avait fait place à un silence lugubre.

» J'avais eu peur d'abord du marquis ; mais peu à peu, conseillé par l'angélique dévouement de ma mère, je l'approchai, je le vis sans effroi, je m'habituai à le conduire, à le distraire, à partager les enfantillages dont il se préoccupait sans cesse.

» Le brelan de rois que Walter avait fait intervenir d'une façon si bizarre, était le seul souvenir permis à mon père ; mais il revenait avec les dimensions fantastiques du cauchemar. Cette combinaison, toujours la même, dont l'apparition obstinée lui avait été si funeste, s'était profondément gravée dans sa tête. Comme la sentence de Balthazar, elle flamboyait devant ses yeux. Les trois rois venaient remuer à ses oreilles des mots magiques, des richesses fabuleuses. Dans ses hallucinations, il les voyait vivre, agir, se mouvoir. Parfois, dans nos promenades à travers le parc, il s'arrêtait, me retenait vivement le bras en me disant : — Monsieur le comte, laissez passer leurs majestés !

» A table, il avait soin de commander trois couverts pour ses trois hôtes illustres. Il s'habillait tour à tour comme chacun d'eux. Il avait fait peindre leurs trois portraits en pied dans le salon ; et il mourut, après un an de cette vie convulsive, en croyant reconnaître à son chevet les trois rois dont le sourire ironique lui figeait la moelle des os.

» La tombe parut avoir enseveli avec le front creux du marquis la vengeance de Walter. Nous n'entendîmes plus parler de lui.

» Je grandis. Ma mère, dont la jeunesse s'était flétrie à ces rudes épreuves, s'épanouit pour la première fois quand j'eus vingt ans. J'avais réalisé ses espérances; j'avais au cœur toutes les nobles ambitions qu'elle y avait mises, toutes ses aspirations vers l'amour, tous les pressentiments du beau et du bien. Elle me bénit, et bénit en moi la compagne future de son bien-aimé; puis un jour, elle mourut, comme si elle allait commencer à vivre là-haut, et à sa dernière heure, elle sembla bien plutôt s'éveiller que s'endormir.

» Ma vie, depuis ce jour-là, tu la connais, Louise. Je te vis et je t'aimai. Le mur triste et froid qui m'enfermait s'écroula sous les étincelants rayons de ton amour. La réalité souriante me conduisit par la main à mon rêve; tu descendis dans mes bras du trône où je t'adorais; depuis un an le monde admire sans le comprendre le bonheur pur où nous trempons nos lèvres; depuis un an, rien ne s'est flétri de nos joies, rien ne s'est aigri de nos extases, et à cette heure suprême où je vais briser la coupe qui nous versait l'ivresse, il me semble que je ne fais que commencer à t'aimer.

» Pauvre amie, tu as une bien belle parure pour cette nuit funèbre! tu es une belle fiancée pour la mort!...

» Louise, je n'ose achever, et pourtant il le faut. Pourquoi, avec l'héritage d'un nom maudit, ai-je osé me mettre à tes genoux et t'offrir mon âme?... Pardonne!... pardonne!... Tu vois, je pleure. Mais, qu'est-ce que mes larmes? peuvent-elles nous sauver?... J'ai été lâche, cette nuit, dans le bal; j'aurais dû mettre le feu à ces draperies, à tes dentelles, t'étreindre et mourir avec toi dans l'incendie! J'ai mieux aimé savourer à tes pieds les douloureuses tendresses, les terribles embrassements du désespoir!

» Louise, nous sommes perdus. Ne le comprends-tu pas? Sais-tu pourquoi j'ai comprimé ma fièvre en te racontant l'histoire du marquis de Thurigny? pourquoi je me suis plu à t'exposer froidement, en détail, tous les incidents de sa vie débauchée, toutes les péripéties de la vengeance de Walter? Sais-tu pourquoi j'ai abusé à ce point de ta courageuse attention? C'est que je voulais que tu fusses convaincue, comme je le suis, que rien ne peut nous sauver; c'est que je voulais que tu me dises, quand je briserai ton bonheur : — C'est bien, tu ne pouvais agir autrement .

» Maintenant, écoute l'arrêt de la fatalité.

» Cette nuit, on m'a présenté un gentilhomme allemand, le baron de Rorenstein. Le premier regard de cet homme m'est entré comme une flèche de feu dans les entrailles; il m'a salué ironiquement, et je me suis senti trembler; il m'a parlé de mon père qu'il avait beaucoup connu en Allemagne; il m'a entretenu de sa folie, de ses passions, de sa mort, et je ne sais comment je me suis trouvé amené par cet hôte inconnu à m'asseoir en face de lui, à une table de brelan. Je croyais que j'allais défaillir. J'entendais dans ma tête les bruits de l'orchestre se répéter avec une vibration terrible, et de mon front à mes pieds je sentais rouler dans mes veines comme des gouttes de plomb fondu. Je me rappelai les impressions de mon enfance, et je murmurai à plusieurs reprises : — Frantz ! Frantz !

» M. de Rorenstein sourit et me fit jouer. Je perdis; et je perdis constamment, non pas seulement de l'argent, de l'or, mais cet hôtel, ce château, des terres, que sais-je, moi ? tout ce que je songeais à proposer comme enjeu ; et, chose horrible! trois fois je perdis avec le même brelan qui avait tué mon père; trois fois, le roi de carreau, le roi de trèfle, le roi de cœur, vinrent s'offrir à moi, comme une raillerie, comme une menace !

» C'était une fatalité monstrueuse. Mes yeux ne voyaient plus; ma cervelle soulevait mon crâne; je crus que j'allais devenir fou ; et je poussai un rire si étrange que ceux qui étaient avec nous, nous regardèrent avec un étonnement mêlé d'effroi.

» Le baron de Rorenstein se leva, m'attira dans une embrasure de fenêtre et me dit :

» — Marquis, je le vois, vous m'avez reconnu. Oui, je suis Frantz ; oui, je suis Walter ; oui, je suis le bourreau du marquis Gaston de Thurigny ; oui, je suis le vengeur d'Élisabeth et de Carl ; et je viens compléter l'holocauste dû à ces pieuses victimes ! Je n'ai pas enseveli ma haine avec votre père, elle s'est assise sur son tombeau et elle vous a attendu. Ma vie est dévouée à cette tâche. J'ai juré de poursuivre l'assassin de ma fiancée et de mon ami, jusque dans la dernière goutte de son sang. Vous étiez condamné en même temps que lui. J'ai différé jusqu'à l'occasion de frapper plus sûrement. La voici enfin ! Vous êtes au comble du bonheur ! Toutes les ivresses de l'époux, toutes les gloires du gentilhomme, vous les avez ou vous y touchez ; et cependant votre père a flétri mes joies d'amant, mes espoirs d'homme ! Il m'a empêché d'avoir un fils beau et fier comme vous, il a tué ma race ; je viens tuer la sienne. C'est juste, n'est-ce pas ? Je vous punis comme Dieu nous a punis des fautes d'Adam. Vous donnez des fêtes étincelantes de femmes, de fleurs, de pierreries ; vous vivez dans une atmosphère de parfums ; et cependant mes chers trépassés dorment là bas dans un petit et froid cimetière d'Allemagne. Ils n'ont pas plus mérité leur cercueil, que vous, fils de leur assassin, vous n'avez mérité ces joies. Si je viens vous les prendre, c'est juste encore, n'est-ce pas ? Votre père a semé la folie, la honte et la mort ; il n'est pas équitable que son fils recueille le bonheur, l'orgueil et tous les prestiges de la vie !..... Donc, Monsieur le marquis, sachez que je viens régler les comptes de la famille ; et pourtant, voyez ! — Depuis si longtemps que je porte ma vengeance, je sens qu'elle me pèse moins ; depuis si longtemps que je pleure mes amis, mon cœur s'est un peu éteint dans les larmes ; et si les serments faits aux morts n'étaient pas une chose impérieuse et sacrée, peut-être bien qu'en vous voyant si béni du ciel, je refoulerais mes pensées d'enfer ! peut-être bien, que je ne voudrais pas torturer au nom de l'amour le couple si fraîchement épanoui dans l'amour ! Mais, j'ai juré ; et les morts, sous la terre, insensibles à tout le reste, s'éveillent pour pleurer quand on fait un parjure. Je ne puis donc entièrement pardonner. — Seulement, marquis, je vous laisse cette nuit ; si vous aimez, si l'on vous aime, si vous n'êtes pas impunément gentilhomme, osez vous affranchir des terribles conséquences d'une seconde entrevue avec moi... adieu, monsieur de Thurigny ! sinon au revoir ! !.....

» Et le baron de Rorenstein me laissa étourdi, stupéfait, pénétré d'horreur. Maintenant, comprends-tu ? Ce matin, dans une heure peut-être, il viendra, il va venir, si je n'ai pas mis entre son infernale puissance et moi une barrière insurmontable... Voilà tout mon secret, Louise ! Qu'en dis-tu ? »

Pendant tout ce long récit, Louise était restée comme la statue du silence, belle et calme. Elle n'avait fait aucun mouvement, aucun geste pour interrompre. Elle était restée suspendue par son regard aux lèvres de Julien, et quand il eut fini, se levant dans ses bras :

— Ami, lui dit-elle, tu as raison ; il faut fuir, il faut partir, il ne faut pas que cet homme abominable te revoie.

Et Louise se collait à lui avec tremblement et le dévorait de baisers convulsifs. Mais Julien, pâle, avec une douceur terrible, défit le lien charmant qui l'enlaçait, retint les deux mains de la marquise dans les siennes et lui dit :

— Tu veux fuir ? mais où donc ? Tu ne sais pas que pour cet homme la nature n'a pas d'obstacles, les distances pas d'abîmes. Son regard pèse désormais sur nous ; nous sommes soudés l'un à l'autre, et partout où j'irais, par une attraction invincible, je l'attirerais partout à moi. Puisque son étrange pitié me laisse cette nuit, ne la perdons pas à chercher des défenses. Il n'est qu'un moyen pour moi de conjurer cette torture, cette agonie. Il n'est qu'un asile sûr et impénétrable... Je n'ai pas voulu y descendre sans être béni par toi... Pardonne ! j'avais juré de te faire la vie belle et heureuse. Dieu m'est témoin que j'aurais voulu tenir plus longtemps mon serment !...

La marquise, avec le rayonnement d'une martyre, interrompit Julien :

— As-tu songé à mourir sans moi ? lui dit-elle.

Puis elle ajouta en accentuant et en séparant chaque parole par un adorable sourire :

— Égoïste ! ingrat !

La réponse fut un de ces longs et énergiques baisers dont la muette éloquence est intraduisible.

Alors entre ces deux enfants, épouvantés de la vie, se passa une de ces scènes sublimes devant lesquelles on laisse tomber la plume et le pinceau pour s'agenouiller et admirer. Dieu seul qui mit tant d'amour dans le cœur de l'homme, tant de dévouement dans l'âme de la femme, pourrait dire ce qui se passa dans cette heure solennelle. Ce furent des serments, des larmes, des prières, des adieux, des hymnes de douleur dans un mot, dans un cri, des poëmes dans un regard, des extases infinies, des désespoirs mêlés de ravissements ! toute une lutte de ces deux anges aux bords du tombeau ! des battements de leurs ailes avant de s'envoler !...

Peu à peu, à mesure que la nuit descendait, et que le jour montait derrière les arbres de l'hôtel, le bruit qui se faisait, allait s'éloignant, comme une harmonie qui, partie de la terre, finit par se perdre dans les cieux ! Puis, à l'heure matinale où Roméo détachait la corde de soie du balcon de Juliette, au dernier murmure du rossignol, au premier chant de l'alouette, un long soupir s'exhala ; et tout fut dit...

Quand on entra dans les appartements du marquis et de la marquise de Thurigny, on les trouva tous deux sur le parquet, pâles et bleus du baiser de la mort, étroitement enlacés, et tombés à terre comme deux fleurs échappées d'une urne brisée. Le poison avait respecté leur dernier sourire ; ils étaient ensevelis dans les bras l'un de l'autre. On lisait sur leurs visages la joie de mourir avant la fin de leur rêve ; et ces charmants suicidés ne semblaient qu'endormis. — Dieu seul sait encore quand et comment ils s'éveilleront.

On fit bien des conjectures sur cette catastrophe ; mais le baron de Rorenstein garda son secret. Il s'était présenté de bonne heure à l'hôtel, et comme s'il eût prévu l'événement, il était tout en noir.

Il suivit le convoi de ses deux victimes, les vit descendre dans la terre, et ne put s'empêcher de laisser tomber une larme sur leur cercueil.

Trois jours après il entrait en Allemagne, et allait cueillir des petites fleurs bleues sur la tombe de Carl et d'Elisabeth.

VOYAGE AUTOUR DE MON CLOCHER

I

Où l'on prouve que quatre-vingt-dix-neuf Champenois et l'auteur font... cent Champenois.

Parmi les vérités *vraies* de ce monde (pour parler comme Figaro), il en est une dont l'authenticité banale me dispensera de commentaires, c'est celle-ci : le pays que l'on connaît le moins est presque toujours celui que l'on pouvait connaître le plus. En effet, nous ne nous inquiétons guère que des choses qui ne nous sont pas familières ; et la Chine, à ce titre, nous intéresse plus que la France.

Montaigne disait : *chacun choisit plutôt à discourir du métier d'un autre que du sien, estimant que c'est autant de nouvelle réputation acquise.* A la place de métier, mettez *pays*, et l'observation ne perdra rien de sa justesse.

Dans cette époque de locomotion, la vie pour nous est partout, excepté où nous sommes; si bien qu'il faudrait peut-être voir un avertissement sérieux dans cette prédiction bizarre d'un visionnaire moderne, lequel annonçait, comme dernier terme du progrès, une génération d'hommes portant une queue de quinze pieds, avec un œil télescopique au bout.

Le télescope est en effet l'instrument symbolique des penseurs de notre époque. Tous observent un peu à la façon des astrologues; seulement ils ne se défient pas assez du puits, et plus d'un s'y laisse choir... mais ne faisons pas comme eux, en poursuivant nos théories, et pour plus de sûreté, venons à nos moutons; puisqu'aussi bien, il s'agit de la Champagne et des Champenois.

Je me promenais, à la clarté élégiaque d'une des plus éclatantes lunes d'un de ces étés derniers, autour des murs de la ville des *Tricasses*, de la capitale de l'ancien comté de Champagne, qui s'appelait *Augustobona* du temps de *Lutèce*, et qui se nomme Troyes, depuis que Lutèce se nomme Paris, quand les réflexions qui précèdent me vinrent à l'esprit avec la soudaineté de la révélation.

Ce n'était pas la première fois que j'errais ainsi dans ce lieu à pareille heure, et par un temps pareil; mais ce fut la première fois que j'y ressentis quelque velléité de cet amour du clocher. Jusque-là, je me reconnaissais bien, *in petto*, d'origine champenoise; mais Dieu sait que loin de me targuer de ce titre, je le subissais en toute humilité, ne reculant pas au besoin devant l'occasion de

5.

porter quelque botte sournoise à ma prosaïque patrie, et de m'escrimer contre elle, à l'aide du fameux proverbe que chacun sait.

Je ne fus donc pas médiocrement surpris en côtoyant les remparts de Troyes, de sentir tout à coup sourdre en moi, comme un sentiment d'admiration tendre. C'est qu'aussi ce soir-là la lune baignait d'une lueur vraiment idéale les toits et les arbres ; un brouillard bleu et argenté, comme les vapeurs qui accompagnent, dans les féeries, les apparitions des divinités comblait d'une façon fantastique les distances. Le chétif et le mesquin s'estompaient majestueusement ; et les clochers des églises se découpant dans le vague, m'apparaissaient comme les bonnets monstrueux de magiciens cachés derrière les murs. Je les avais toujours comparés, hélas ! aux triviales coiffures de coton qui constituent la grande industrie champenoise. La promenade du *Mail* que je parcourais, sous le dôme épais des tilleuls, formait une voûte obscure interrompue par des lames blanches ; je pouvais m'imaginer une caverne enchantée, et en regardant à l'extrémité de l'avenue le jour élyséen produit par la nuit, je me rappelais les classiques voyages d'Énée et de Télémaque à travers le royaume des ombres. Le fils d'Ulysse et le fils d'Anchise étaient évoqués fort à propos, puisqu'il s'agissait d'une autre Ilion.

Ce fut toute une transfiguration. Troyes, la pauvre vieille ville, dont la banalité moderne m'avait laissé jusque-là enfant ingrat, se montrait sous une lueur rêvée, et ces manufactures de gilets de tricot prenaient pour plaire à mon imagination attendrie, des allures fort héroïques. Ma conversion fut instantanée. Je ne saurais trop dire si son effet dure encore, mais je sais qu'à ce moment elle fut sincère et profonde. En rentrant dans la ville, je me découvris avec la componction d'un néophyte, je faillis adresser à l'humble fonctionnaire de l'octroi, qui regardait aussi la lune en guettant la contrebande, une invocation poétique qui me bourdonna tout à coup dans la tête, et j'allai me coucher, bien résolu de commencer, le lendemain, au matin, mon initiation.

Ce fut ainsi, qu'après les folles années d'une adolescence oublieuse, *per amica silentia lunæ,* je renaquis Troyen et Champenois fieffé, comme ces pages d'ailleurs vont le prouver suffisamment.

II

Où l'auteur est très-étonné de rencontrer un second Champenois en Champagne.

Mon réveil fut un hymne, si mon coucher avait été une adoration. J'ouvris ma fenêtre, et à travers mes giroflées, j'aspirai l'air natal qui me parut plein de senteurs nouvelles. Mon enthousiasme aigu se faisait chronique. La ville, si bien poétisée par la lune, résistait aux implacables clartés du jour ; et la gaucherie que j'avais jusque-là si discourtoisement reprochée aux constructions provinciales, se transformait en des airs charmants de naïveté. Descendu dans la rue, j'étreignis joyeusement du pied les pavés anguleux, me désistant ce jour-là de la comparaison injurieuse que j'en avais toujours faite, avec les dents mythologiques du Dragon, lesquelles, dit la fable, furent semées en terre et produisirent une effroyable moisson de guerriers ; seulement, à Troyes, les dents n'ont pas germé ; elles sont comme on les a plantées, confondues, pêle-mêle, canines et molaires, mais toutes longues et menaçantes. Ce jour-là, je n'y pris point garde; ou plutôt, cette rugosité me parut une originalité de plus; comme les grossièretés de nos amis, quand nous tenons à les faire passer pour des excentricités.

Mais ce n'était pas assez de me sentir animé d'une foi nouvelle; je voulus immédiatement m'organiser un culte. J'avais beau crier intérieurement, dans de muets et lyriques transports « ô patrie! ô sol des aïeux! ô ville! » etc... je ne pouvais faire demeurer longtemps mon enthousiasme en équilibre sur la pointe de ces exclamations; il me fallait chercher des étais à cet élancement de ma pensée; et mon ignorance des chroniques et de l'histoire de ma ville me laissait dans un grand embarras. Je courus à la bibliothèque, comme à un sanctuaire où devait m'attendre la muse espérée, et il me souvient qu'en mettant la main sur la clef de la porte, j'éprouvais cette douce angoisse qui précède les entretiens charmants et décisifs.

Hélas! les bibliothèques en général, et celles des départements en particulier, sont de vastes catacombes où le silence est de plomb, où la vie se fige tout à coup. Les livres semblent vous souffler leur poussière aux yeux. La majorité des œuvres cataloguées de l'intelligence humaine ne représentant pas une somme prépondérante de gaieté, d'esprit et d'imagination, l'ennui s'exhale des in-folios, et le premier hommage rendu à la science, consiste dans une dilatation des os maxillaires.

Je fus héroïque, et je m'attaquai bravement à tous les historiens indigènes. Mais, à mesure que je feuilletais, je me sentais vaincu et désarmé. Ce fatras exhalait une odeur de moisissure qui suffoquait mon enthousiasme ; je ne gagnais rien en science et je perdais en foi. J'étendis les bras, je regardai les solives du plafond ; il me sembla voir le fantôme de la légende s'évanouir entre les toiles d'araignées qui s'étalaient ironiquement le long des corniches de la bibliothèque. Je ressentis tout à coup une profonde horreur pour cette nécropole et j'eus hâte de regagner au plus tôt les rues et le grand jour, espérant rattraper par là mes illusions qui ne devaient pas avoir eu le temps de s'envoler bien loin.

Comme j'allais sortir, le garçon de la bibliothèque, génie familier de cette demeure sombre, me demanda en articulant son plus gracieux sourire, si je n'avais pas trouvé ce que je cherchais.

— Non, lui répondis-je assez brusquement, et j'ouvris la porte.

— Si monsieur voulait consulter M. Columbat, murmura le gardien des in-folios.

Je m'arrêtai surpris, et demandai quel historien c'était que ce M. Columbat, fort inconnu parmi les Troyens célèbres.

Pour toute réponse, le garçon me montra du doigt un vieillard studieusement penché sur une table et semblant absorbé dans un travail de traduction ; puis, comme je me dirigeais, sans trop savoir pourquoi, vers ce studieux personnage, mon guide me dit en chemin.

— M. Columbat est à lui seul toute la bibliothèque. Il a tout lu, tout retenu ; quand il mourra, il faudra l'ensevelir dans un manuscrit. Il n'écrit pas une page, il prend de petites notes; c'est un bien brave homme, monsieur, mais bien original; il ne sait jamais dans quel mois, dans quelle année il vit. Il oublie quelquefois son propre nom, et quand on lui parle de lui à lui-même, il creuse ses souvenirs pour chercher à quelle légende du temps passé ce nom se rattache; mais il garde avec une prodigieuse fidélité le souvenir de ses immenses recherches. Il n'y a qu'une époque qu'il ignore, c'est la nôtre; cet homme-là ne vit pas, il se rappelle. Je ne sais pas s'il se nourrit, je crois que son estomac est dans sa cervelle, et qu'il ne digère que de la science. Si Monsieur a besoin de quelques renseignements, M. Columbat sera très-heureux de les lui donner.

Je ne répondis point; j'étais à six pas de l'inconnu et je le contemplais. Jamais je n'avais rencontré dans les rues ce petit homme si maigre, si jaune, si sérieux et si doux. Il avait d'ailleurs un de ces costumes participant de la douillette et de la robe de chambre, qui eussent provoqué les rires irrévérencieux des passants. Ce visiteur semblait l'hôte obligé et éternel de ce séjour vénérable; il était là, comme le mollusque dans sa coquille; ses mains avaient la couleur des livres qu'elles remuaient; il ne dérangeait pas l'harmonie triste et sévère de ce lieu. Une perruque de couleur roussâtre, qui avait eu autrefois la folle prétention d'imiter des cheveux blonds disparus, était posée naïvement sur la tête, sans paraître avoir de raison de pencher plutôt en avant qu'en arrière, à droite qu'à gauche; on voyait qu'elle était mobile; et en effet je remarquai plus tard qu'aux moments d'enthousiasme, M. Columbat la remuait et la soulevait. C'était une coiffure plus encore qu'un objet de toilette.

Le visage avait à la fois cette bonhomie et cette finesse qu'on remarque dans la physionomie de quelques Champenois illustres, de La Fontaine par exemple. M. Columbat avait des yeux gris couverts, dont la flamme caressante promettait un peu de raillerie, sans méchanceté. Son nez assez semblable à un doigt osseux passé dans le pouce d'un gant, était toujours saturé de tabac et trahissait, par ses dimensions, une bonté native, qu'attestait encore sa bouche large, un peu tombante au milieu, et relevée aux extrémités.

Sa toilette, ainsi que je l'ai dit, consistait en une sorte de tégument indescriptible, fort luisant et râpé. Je ne mentionne que par supposition, un gilet qui échappait à la critique, et le simulacre plaisant de cravate qui se cachait dans son collet, sous sa houppelande. De ses deux bras, M. Columbat entourait un livre dans lequel il lisait en remuant les lèvres. Le mouchoir, la tabatière et le chapeau, espacés sur la table à leur place accoutumée, semblaient des sentinelles posées là pour tenir en respect les voisins trop envahisseurs; soin superflu ! précaution d'avare que M. Columbat prenait par habitude, beaucoup plus que par nécessité !

Ce vieillard à la physionomie grave et paterne, cet homme costumé comme un donneur d'eau bénite, mais dont le calme visage avait des reflets intérieurs qui le réhabilitaient ; ce prêtre obscur d'une religion touchante, ce dernier vestige d'une race disparue (celle des savants naïfs qui circonscrivaient leur ambition à l'étude de l'histoire de leur province), ce spectre mélancolique du patriotisme de clocher, m'émut profondément; et ce fut avec un respect religieux que je l'abordai.

— Ainsi, me disais-je tout bas, il y a encore un Troyen dans Troyes, un Champenois en Champagne. Je ne suis pas le seul ! qui sait si la Providence ne m'a pas choisi pour continuer le culte solitaire dont M. Columbat est à la fois le grand-prêtre, l'autel et l'assistance !...

Cette dernière suggestion était une reprise de ma vanité qui souffrait un peu d'avoir à demander à un autre vivant qu'à moi-même, les secrets et les notions préliminaires de l'histoire de mon pays.

Tout en faisant décrire à mon chapeau ce quart de cercle majestueux qui est la plus grande preuve d'estime dans nos sociétés modernes, je murmurai ce vers des *Burgraves* :

« Il est en Allemagne encor deux Allemands. »

M. Columbat n'entendit pas. Eût-il entendu d'ailleurs, il n'aurait pas compris : les *Burgraves* étant une épopée contemporaine, qu'il devait par conséquent ignorer, et Victor Hugo qui n'a pas le bonheur d'être Champenois, devant lui rester probablement inconnu.

III

Où l'auteur prouve que les moutons ne sont pas des bêtes.

M. Columbat, absorbé dans son travail, ne m'avait pas aperçu. Le garçon de la bibliothèque lui toucha légèrement l'épaule et le fit se retourner. Je lus alors distinctement dans le regard agrandi du vieux savant une stupéfaction profonde, et une sorte de défiance.

Ses petits yeux qui se plongeaient depuis plusieurs heures dans les lignes confuses des bouquins, avaient été comme éblouis du jour inopiné qu'ils retrouvaient, et à mesure qu'il me regardait plus nettement, il se demandait comme Sganarelle dans le *Médecin malgré lui* : « Que diable ! à qui en veulent ces gens là ? » Ses mains se refermaient et resserraient le livre, comme le bûcheron cachait la bouteille.

J'exposai en deux mots l'objet de ma démarche, mon désir, mon désappointement. Un éclair jaillit aussitôt des yeux du vieux savant et déposa le long des cils une grosse larme ; ses lèvres tremblèrent comme pour articuler des mots imprévus. Une rougeur toute pudique colora d'une teinte orangée la peau jaune et flétrie de son visage.

Je devinai sa joie, son orgueil, sa confusion. C'était la première fois qu'on lui rendait hommage. Il se redressa par un geste de Sixte-Quint voulant faire preuve de jeunesse et de verdeur; et ramassant sa tabatière, son mouchoir et son chapeau qu'il distribua aux divers étages de sa chétive personne, il me dit avec un soupir qui exhalait quarante années de souffrances contenues et saintement endurées :

— Vous n'êtes pas Troyen, n'est-ce pas? monsieur, puisque vous vous inquiétez de cette ville.

Je déclinai mon nom, et j'affirmai ma nationalité champenoise.

— C'est bien alors, reprit M. Columbat, en fêtant sa découverte par une large prise de tabac. La jeunesse maintenant n'a plus de patrie. Autrefois, monsieur, de mon temps, on aimait tout de même la France; on allait la défendre ou la venger à la frontière; mais on se rappelait toujours avec joie ces coteaux gris, ces mornes vallées de la vieille province. On lisait les livres champenois et on en faisait. Mais aujourd'hui, tous nos enfants partent, avant leurs vingt ans, pour je ne sais quelle éternelle expédition qui ne finit jamais. On dirait qu'il faut à chacun d'eux une Amérique pour lui tout seul. Pas un ne revient au pays.

— Au bercail, murmurai-je doucement.

— Ah! ah! reprit M. Columbat en me regardant d'un

air narquois, est-ce que vous aussi vous auriez peur du proverbe des moutons?

— Ma foi, répliquai-je en riant, je vous avoue qu'il me paraît d'une impertinence rare, et puisque vous voulez bien me servir d'introducteur dans l'histoire inconnue de mon pays natal, il me semble logique de vous demander votre avis sur ce dicton féroce.

M. Columbat haussa les épaules, souleva son chapeau pour remuer sa perruque, glissa sa main droite dans le parement de sa manche gauche, m'attira de l'œil dans l'embrasure d'une des grandes fenêtres de la bibliothèque, et me parla ainsi :

— Je vous avoue, monsieur, que j'ai passé plus de vingt années de patientes études à chercher le nom du mauvais plaisant qui nous a gratifiés de cet insolent proverbe. Je l'ai bien haï cet homme, je crois que si je l'avais découvert, il y a vingt ans, j'aurais imaginé quelque vengeance féroce et rétrospective. Mais aujourd'hui, je me suis vaincu. Cet Erostrate inconnu ne m'inspire plus que la pitié. Ce calomniateur de tant de générations d'hommes suscite même en moi une sorte d'intérêt. Je lui pardonne, hélas! J'ai d'autant plus de raison, selon mon cœur, que, d'après toutes les vraisemblances, ce criminel est un Champenois. Il n'y a qu'un fils dénaturé pour arriver du premier coup à cette perfection machiavélique. On n'est jamais plus cruellement frappé que par ses enfants, et le butor qui osa dire des hommes de son pays que *quatre-vingt-dix-neuf moutons et un Champenois faisaient cent bêtes,* devait avoir beaucoup souffert de ses contemporains pour arriver à ce blasphème : que Dieu lui ait fait miséricorde !

Je regardai M. Columbat en souriant; mais je constatai avec étonnement que lui ne riait pas. C'était du fond du cœur qu'il prononçait avec componction ces paroles. Il remettait chrétiennement les offenses faites à son pays, comme il eût remis des offenses personnelles. J'admirai cette candeur, et voulant lui venir en aide :

— Après tout, dis-je d'un ton dégagé, il y a une légende avec ce proverbe qui en détruit l'intention malveillante.

— L'histoire du péage, n'est-ce pas? répliqua M. Columbat avec mélancolie. Oui, c'est vrai, une ordonnance, c'était sous César, assure-t-on, avait déclaré que tout troupeau de cent bêtes paierait un droit à l'entrée de la ville. Un berger (ô l'imprudent, si l'histoire est vraie!) voulut se soustraire au tarif, il amena quatre-vingt-dix-neuf moutons; c'était bien fin. Mais il paraît que, dans ce temps-là, l'octroi avait beaucoup d'esprit. Le péager objecta que les quatre-vingt-dix-neuf têtes de bétail et le berger faisaient cent bêtes, que le compte y était, et qu'il fallait payer.

— Le berger paya-t-il? toute la question est là ! répliquai-je, si le Champenois s'est rendu au raisonnement, il méritait le proverbe.

— Il le méritait certes pour son imprudence, qu'il ait ou qu'il n'ait pas payé ! mais nous, monsieur, le méritons-nous ce châtiment qui pèse sur cette province? au surplus, je veux croire que ce métayer, s'il a existé, fut un Normand, un Lorrain, un Picard, mais ne fut pas un Champenois. Dans notre pays, depuis un temps immémorial, on paie quoi que ce soit, et l'on ne cherche jamais à frauder; d'ailleurs, à moins de supposer les fonctionnaires de César fort différents de ceux d'aujourd'hui, une raillerie si cruellement spirituelle est bien invraisemblable dans la bouche de l'un d'eux. Ce douanier là se fût fait destituer.

— Espérons qu'il le fut, m'écriai-je.

— Ah! monsieur, reprit en clignant de l'œil M. Columbat, nous avons d'autres consolations à chercher. D'abord, il n'est pas certain que ce dicton implique nécessairement l'idée de bêtise accolée à l'idée de Champenois.

Si l'on avait dit : « un mouton et un Champenois font deux bêtes, » nous n'aurions qu'à nous incliner et qu'à gémir. Mais le proverbe dit : quatre-vingt-dix-neuf moutons! c'est-à-dire qu'il ne faut rien moins que quatre-vingt-dix-neuf moutons pour entrer en balance avec un Champenois. Celui-ci est donc quatre-vingt-dix-neuf fois plus fort qu'une bête. Rabelais dans son *Pantagruel* met Panurge aux prises avec un marchand de moutons de Taillebourg, et ce dernier dit à l'acheteur : « Vous qui estes robin mouton, serez en ceste coupe de balance; le mien mouton robin sera en l'austre. Je gage un cent de huitres de Buch que en poids, en valeur, en estimation, il vous emportera hault et court. » A la bonne heure! de cette façon l'impertinence est complète. Panurge vaut un mouton. Mais l'auteur du proverbe n'agit point ainsi. Il ne faut rien moins que tout un troupeau pour servir à la comparaison.

— Mais à ce compte là, répondis-je, le proverbe est cent fois plus injurieux. Panurge n'est bête que comme un mouton. Un Champenois l'est quatre-vingt-dix-huit fois plus !

M. Columbat ne fut point ébranlé par mon objection. Le bonhomme avait tant de fois retourné dans sa pensée le fatal proverbe qu'il s'était approvisionné la tête d'une merveilleuse collection d'arguments, tous plus singuliers les uns que les autres. Il reculait bravement dans l'absurde, plutôt que de franchir la limite d'une concession résignée. Il s'emplit le nez de tabac, comme s'il se fût agi de bourrer un canon à mitraille, releva sa perruque et son chapeau de la façon dont il aurait remis un casque en posture héroïque, croisa sa douillette à la manière des avocats qui préparent une période entraînante, et me regardant en face avec une physionomie animée qu'il voulait rendre très-irrésistible et très-malicieuse :

— Qui vous assure d'ailleurs, monsieur, que les moutons soient des bêtes ?

J'avoue que je restai un peu étourdi de la violence de l'objection. Je regardai mon interlocuteur, la bouche ouverte, comme un homme qui n'ose refermer les lèvres sur une cuillerée trop forte qu'on lui présente. Mais M. Columbat, cambré, casqué, armé, me contemplait dans l'attitude d'un paladin.

— Ainsi les moutons ne sont pas des bêtes ?

— Non, monsieur, ou bien, ils le sont si peu que la

comparaison devient une sorte de flatterie. Suivez d'ailleurs mon raisonnement ; et après une petite toux préparatoire, M. Columbat reprit en ces termes :

— Un être animé est-il une bête parce qu'il ne jouit pas du singulier et fatigant privilége de marcher comme l'homme, sur ses pattes de derrière ? A ce compte là, l'ours, le plus obtus, le plus féroce des animaux, serait une espèce d'homme ; et combien de gens sont d'aplomb sur deux pieds qui mériteraient de galoper à quatre pattes ! est-ce la toison, la fourrure qui constitue la bête ? je sais qu'un évêque de Ptolémaïs (1), Synésius, assure qu'un animal est bête, à proportion du poil qu'il porte, et qu'à ce sujet, il cite le mouton. Mais c'est là une induction perfide, et il me suffira d'appeler en parallèle le porc dont la toison est fort clair-semée, et le cède à plus d'une enveloppe humaine, pour que vous adjugiez aux moutons le bénéfice de la supériorité intellectuelle.

Rabelais qui n'a rien respecté dit, d'après Aristote, que le mouton « *est le plus sot et inepte animant du monde,* » ce témoignage est grave contre les Champenois. Mais Rabelais n'a-t-il pas mis cette aigreur dans sa critique, précisément en raison de la supériorité qu'il sentait dans le mouton ? On n'attaque ainsi que ce qui peut résister à l'offense. Ah ! que je préfère cent fois l'opinion de Plutarque. Celui-là était un esprit sage, mesuré, qui n'avançait rien à la légère. Il dit en parlant de Fabius

---

(1) Grosley. *Mémoires de l'académie de Troyes.* M. Columbat avait beaucoup lu Grosley, et nous l'avons lu un peu.

Maximus qu'il était si brave, si circonspect dans sa jeunesse, qu'on l'avait surnommé *Ovicula* (brebis).

Mais laissons les livres qui sont faits par les hommes, et voyons le mouton, ce feuillet vivant du livre éternel. Quoi de plus doux, de plus inoffensif, de meilleur, et par conséquent de plus rapproché de l'humanité? Le mouton est peut-être le seul animal qui ne sache pas se défendre, qui ne résiste pas. Dans sa faiblesse même, dans son innocence, la nature a mis le secret de son intimité avec l'homme. Il ne peut se passer de nous, il doit vivre avec nous, chez nous; il est en quelque sorte un troisième sexe dans l'humanité. Chéri des enfants et des femmes, aimé, estimé des hommes, que ne donne-t-il pas en retour de cette protection? il nous revêt, nous réchauffe, nous abrite du vent, comme nous l'abritons du loup, et on ne saurait pas plus se passer de sa laine, qu'il ne saurait se passer du berger. Direz-vous qu'un animal si étroitement lié à l'homme, ne participe pas un peu de ses priviléges et de sa dignité? on peut se passer de chiens; on remplace les chevaux; les volatiles sont du superflu; mais le mouton, qui osera jamais songer à le remplacer?

— Les côtelettes, murmurai-je, me semblent, en effet, un élément constitutionnel de l'existence.

— Vous voilà bien, s'écria mon interlocuteur d'un air si animé que je ne sus pas, en vérité, s'il plaisantait. Cannibal! vous diriez volontiers du mouton ce que l'anthropophage disait du missionnaire : qu'il était tendre, parce qu'il en avait mangé.

6

— Parbleu, interrompis-je, vous me rappelez que, dans ses confidences, M. de Lamartine proteste contre le préjugé qui veut que l'homme continue à se nourrir de chair. Il déclare que ces habitudes sanguinaires sont faites pour brutaliser et pour endurcir les instincts du cœur; et il affirme que jusqu'à son entrée au collége il n'avait point profané ses lèvres de ces affreuses libations. Il raconte même en termes fort touchants ses amours pour un pauvre petit mouton qu'il défendit par ses prières des menaces du boucher.

— Ah! M. de Lamartine a dit cela, reprit d'un air de triomphe M. Columbat, heureux de mettre en passant cette flèche dans son carquois; puis, après un instant de silence et de réflexion, le pauvre homme me dit en rougissant:

— Qu'est-ce que c'est que ce M. de Lamartine qui a tant de logique et de raison?

Je ne fus pas trop surpris de la question, et je ne me livrai à aucun dithyrambe sur l'inutilité de la gloire; mais je m'empressai de donner à M. Columbat les détails qu'il me demandait.

— M. de Lamartine, lui dis-je, est un des plus grands poëtes de la France, c'est un des génies les plus essentiellement lyriques; c'est.....

— Et il ne mange pas de viande? interrompit M. Columbat.

— Je crois, à vrai dire, qu'il en a mangé depuis, dans des banquets.

Mon interlocuteur ne fit aucune attention à cette remarque que je croyais cependant fort ironique, il était tout entier à une réflexion qui finit par lui venir aux lèvres :

— Quel malheur, dit-il en soupirant, qu'un pareil homme ne soit pas Champenois !

— Il est Bourguignon, repartis-je.

— Bourgogne et Champagne ont confondu souvent leurs blasons; leurs vins sont unis; leurs verres doivent se choquer. Vous me donnerez par écrit le nom de ce grand poëte ; je le lirai, et je l'aime déjà.

C'est ainsi que M. Columbat ouvrit son cœur et sa mémoire à M. de Lamartine, non par amour de la poésie lyrique, mais par amour des moutons. A quoi tiennent les renommées !

IV

Où l'on démontre que les hommes sont des moutons.

Cette discussion dans laquelle mon interlocuteur mêlait, avec une bonhomie si parfaite, une raillerie toute humoristique au désir de venger son pays par des arguments qu'il voulait croire sérieux, cette discussion m'amusait trop pour que je songeasse à l'interrompre.

— Ainsi, dis-je en rouvrant la lice, le mouton est pour vous un animal supérieur à la bête.

— Sans contredit, mais voulez-vous savoir mon opinion toute entière ?

Et en me parlant ainsi, à voix plus basse, M. Columbat me tirait doucement par le revers de mon habit pour que je ne pusse pas échapper au foudroiement de sa démonstration.

— L'homme n'a dit tant de mal des moutons que par une haine de plagiaire, que parce qu'il leur doit tout, non-seulement ses aliments, ses habits, la chandelle qui l'éclaire, les cordes de la lyre ou des violons qui le font rêver; mais ses mœurs, ses coutumes, ses habitudes, ses institutions!

— Oh! oh! voilà une proposition bien hardie, monsieur Columbat.

— Il n'y a rien de plus audacieux que la vérité, mon cher monsieur, dans un siècle d'hypocrisie. Oui, l'homme, je l'affirme, n'est qu'un mouton sans laine. Quel est en effet le caractère distinctif des hommes au premier aspect? la sociabilité. Ils vivent en réunion, en groupes, en troupeaux, en un mot; et vous conviendrez que sous ce rapport la supériorité reste aux moutons. Ils sont logiques, et ne s'avisent jamais de se tuer ou de se blesser entre eux, sous prétexte qu'ils sont faits pour vivre ensemble.

Comment Homère appelle-t-il les chefs des peuples? Des pasteurs d'hommes. Ne faisons-nous pas comme les moutons, quand nous nous précipitons tous par le sentier frayé! D'où vient cette expression « se laisser tondre » sinon de la similitude parfaite qui existe entre l'homme et le mouton? et vous avouerez que si la brebis se soumet humblement aux ciseaux, elle est plus excusable de les subir que cet autre animal orgueilleux qui prétend à la supériorité, à la finesse, et qui se laisse enlever sa laine par le premier tondeur venu qui sait un peu le flatter. Que veut dire le symbole antique de Jason allant chercher une dépouille de brebis à Cholcos? Et pourquoi Philippe le Bon, duc de Bourgogne, instituait-il, en 1430, l'ordre de la Toison-d'Or, à l'occasion de son mariage avec Isabelle de Portugal, si vous ne voulez pas admettre que l'homme a besoin d'emprunter ses comparaisons, ses hyperboles, ses distinctions même aux troupeaux qu'il imite, qu'il s'assimile par la nourriture, par l'habillement? Quel est le premier cri d'un enfant, sinon un bêlement? Bé! bé! Nous autres moutons, nous répétons, d'après tout le monde, que la voix du sang, que le sentiment de la famille est un de nos plus glorieux apanages. Ouvrez M. de Buffon et vous y lirez « que le jeune agneau cherche lui-même dans un nombreux troupeau, trouve et saisit les mamelles de sa mère, sans jamais se méprendre? » Est-ce là le fait d'un idiot, et ne vit-on jamais, au contraire, mouton à deux pattes, dédaigner, oublier le sein qui l'avait nourri? Jean-Jacques Rousseau, qui ne méprisait pas les humbles créatures du bon Dieu, a fait des pages éloquentes pour persuader aux femelles des hommes que c'était un devoir sacré d'allaiter leurs enfants! Les moutons eurent-ils jamais besoin qu'on leur prêchât cette vertu, et les agneaux ne sont-ils pas des élèves, comme Rousseau voulait Émile, tendres et reconnaissants pour leurs nourrices?

Mais le mouton n'est pas seulement un être passif, il aime et il comprend les arts. Pourquoi les bergers sont-ils musiciens pour la plupart? Pourquoi ces flûtes, ces pipeaux, ces chalumeaux, ces cornemuses tant célébrées, sinon parce que les moutons sont sensibles à la musique? N'est-ce pas à la nécessité de faire paître les troupeaux au son de l'harmonie qu'est due l'invention, le perfectionnement de cet art sublime; et dites-moi si les moutons qui parlent ont de ces délicatesses, de ces raffinements, et s'il conviendrait au plus grand nombre de n'engraisser et de ne se conduire qu'aux accents de la flûte? Les hommes se satisfont du seul plaisir de manger, les moutons veulent paître en mesure. De quel côté est le matérialisme?

Je ne vous parle pas de l'innocence reconnue des mœurs pastorales. Il s'exhale des brebis un parfum de bonté, d'aménité. Les bouviers sont grossiers, les maquignons féroces, les gardeurs de volatiles niais et ridicules. Les bergers sont doux, humains, rêveurs, contemplatifs. Quand Dieu daigne se manifester à des créatures, il va souvent les chercher au milieu des troupeaux. Les deux grandes héroïnes de la France, sainte Geneviève et Jeanne d'Arc, gardaient et aimaient les moutons; elles en recevaient de patriotiques inspirations. Aussi Jeanne d'Arc vint-elle s'agenouiller à Troyes, dans notre cathédrale, et le principal objet de sa mission fut-il de déblayer la Champagne jusqu'à Reims pour le sacre de son roi. Elle devait bien cela au pays des moutons! pauvre Jeanne d'Arc, quand elle mourut, ce fut en face d'un mouton, qui constitue les armoiries de Rouen!

Pourquoi s'imaginait-on au moyen âge, et pourquoi pense-t-on encore dans certaines provinces que les bergers sont des sorciers, sinon par la conviction intime que les moutons ont un esprit vraiment supérieur à l'homme qui leur permet d'inspirer celui-ci. Clément XI croyait que les faux prophètes devaient emprunter de préférence la forme des brebis, pour gagner plus facilement notre confiance, tant il trouvait d'affinité entre les troupeaux bêlants et les troupeaux pérorants. Pourquoi dit-on d'un homme méchant que c'est « une brebis galeuse? » N'est-ce pas encore là un aveu échappé, en dépit de nous, à notre orgueil? Oui, nous sommes des moutons, la seule différence, c'est que nous mangeons parfois le berger. Pourtant nous ne saurions non plus nous en passer; comme nos confrères, nous nous jetons par instants, tête baissée, dans un gouffre. Nous avons tour à tour leur confiance et leurs folles craintes; mais ils nous dépassent en ceci : qu'ils nous nourrissent, nous vêtissent, nous éclairent, nous chauffent, nous inspirent; tandis que nous nous bornons à les tuer, à les manger, à les exploiter. Quant à leurs rapports entre eux et avec le berger, quelle différence, grand Dieu! quelle supériorité de soumission patiente, de fraternité simple! Les vit-on jamais se révolter, et n'est-il pas inouï d'entendre parler d'un berger tyran? Tous les moutons ont l'art de désarmer leurs dominateurs et de leur imposer. L'homme sait si peu se faire aimer de ses bergers, qu'il s'en défie perpétuellement, et qu'il croit avoir besoin de leur faire peur de temps en temps par des ruades, qu'il expie ensuite. En vérité, je vous le dis, les plus bêtes ne sont pas ceux qu'on pense, et le proverbe champenois aurait quelque chance d'être exact, s'il s'appliquait à l'humanité en général. Vous comprendrez en tout cas que ce n'est pas à l'homme à dire du mal des moutons, à les dénigrer, à s'en servir comme d'une comparaison injurieuse, quand il a besoin de satisfaire ses instincts jaloux contre une portion de ses concitoyens.

— Vous raisonnez comme Pythagore, dis-je à M. Columbat qui s'essuyait le front, et puisait dans sa tabatière un formidable renfort d'arguments pour amener ma déroute.

— Oui, je vous ai parlé en philosophe, en rationaliste, comme on dit aujourd'hui, reprit M. Columbat avec une figure si sérieuse et si solennelle, que je faillis manquer de courage et lui rire au nez ; mais ne pouvais-je pas vous opposer des autorités respectables qui vous eussent courbé sans examen ? Que dit Moïse, au livre XXIX de l'Exode : Immolez par jour deux agneaux au Seigneur, c'est l'offrande la plus agréable ! » Offre-t-on à Dieu le dernier des animaux ? et l'agneau n'est-il pas là comme la prémisse des holocaustes, digne de la souveraine intelligence. Comment s'appellent nos prêtres ? Des pasteurs ? Comment nous traitent-ils ? de troupeaux ; et n'y a-t-il pas dans nos temples des images sublimes qui représentent le Rédempteur portant une brebis sur les épaules.

Je n'osai faire remarquer à mon chaleureux interlocuteur que son zèle devenait sacrilége et qu'il faisait intervenir un peu inutilement des autorités trop formidables pour la défense de sa cause. Il y avait une si malicieuse et si franche candeur dans ce brave homme, que Dieu lui-même eût pu sourire à ses innocents blasphèmes.

Je parus entièrement convaincu ; je m'inclinai, et M. Columbat ravi de ce premier succès continua en ces termes :

V

De la feste aux fols.

— Le proverbe dont nous venons de parler accrédita pendant bien des siècles, la calomnie qui fait dire à Diderot dans l'*Encyclopédie*, que la Champagne est en France ce que la Béotie était en Grèce. La reine de Navarre dans ses Contes, le roi Louis XI dans ses Nouvelles, traitent les Champenois de *sots* et de *lourdiers* ; mais j'espère bien qu'il ne vous reste aucun doute désormais sur le peu de fondement de ce dicton.

En me parlant, M. Columbat me regardait de ses petits yeux questionneurs ; j'attestai de nouveau ma conversion et le visage du vieux savant s'illumina du plus aimable sourire.

— La preuve que Troyes n'a jamais été considérée comme une ville prédestinée à la sottise, c'est qu'un historien, M. Dreux du Radier, affirme dans ses *Récréations historiques* que l'on voyait dans les archives de Troyes, une lettre du roi Charles V, dans laquelle ce prince marquait au maire et aux échevins la mort de son fou, leur ordonnant de lui en envoyer un autre, *suivant la coutume.* Mais cette assertion semble bien erronée. On ne trouve nulle trace de cet usage supposé, je le regrette presque; les bouffons de nos rois n'étaient point des baladins, et s'ils prenaient un étrange moyen pour débiter la sagesse, encore savaient-ils entortiller souvent une bonne vérité dans une bouffonnerie. N'est pas fou qui veut, et pour dérider, tenir en joyeuse humeur ces pasteurs humains dont les houlettes étaient parfois bien lourdes, il fallait une prodigieuse ressource de verve et d'imagination. Ce qui a donné lieu à cette erreur flatteuse, consignée dans le livre de M. Dreux du Radier, c'est sans doute la lettre-patente du roi Charles VII, en date du 27 avril 1445, qui règle les formalités de la fête des fous.

— Parbleu, m'écriai-je, en interrompant M. Columbat, j'ai toujours aimé les parenthèses, permettez-moi d'en ouvrir une, et de vous demander quelques détails sur ces joyeuses journées qui travestissaient les églises en lieux de spectacles.

— Volontiers, monsieur, répondit l'aimable savant. La religion de nos pères n'était pas aussi lugubre que notre mélancolie moderne l'a faite. Elle admettait à certains jours, à certaines heures, des épanchements extraordinaires, des épanouissements subits et violents de la gaieté humaine. Parfois, ces drôleries allaient un peu loin, j'en conviens, mais n'y a-t-il pas pour le philosophe matière à réflexion dans ces coutumes qui imposaient à certains jours les extravagances de la folie aux maisons du Seigneur, et qui faisaient rire et s'esbattre toute une population ecclésiastique, dont la mission était d'ordinaire de prier et de se mortifier? Je ne demande pas qu'on rétablisse ces usages étranges; mais il est curieux de les étudier dans le passé. Troyes paraît avoir été tout particulièrement disposé à ces fêtes. Il existait dans la cathédrale une cérémonie qui fut abrogée en 1543, et qui consistait en une sorte de représentation scénique de la recherche de notre Seigneur par les trois Maries. Ces trois saintes femmes étaient figurées par trois chantres, et je vous laisse à juger la gaieté que ces travestissements répandaient dans l'auditoire. Pourtant cette parodie des plus solennelles émotions de l'Évangile n'éveillait aucune impiété. En 1566, le chapitre de l'église Saint-Urbain accordait aux chantres la permission de s'habiller en bergers et de faire quelques réjouissances aux matines de Noël, mais à la condition qu'il n'y eût point de scandale. Au jour des Saints-Innocents, on prenait à vêpres un enfant qu'on sacrait évêque. La veille de la Saint-Martin d'hiver, le curé était tenu, par obligation précise, de faire chez lui du feu pour les chanoines, de leur donner à chacun trois coups à boire : le premier de rouge, le deuxième de blanc, le troisième de clairet; de livrer six chandelles de cire à chacun des officiers, et de distribuer aux enfants de chœur du pain, de la viande et des oignons, ou des harengs avec la moutarde.

Le jour de Pâques, on voulait consacrer, par des réjouissances insolites, la joie d'une résurrection bienheureuse. Aussi, après les premières vêpres, tout le chapitre venait s'installer sous de beaux arbres, ou s'il pleuvait, dans le chœur de la cathédrale, et là, le doyen apportait une balle et une toupie; et toute l'assistance de jouer à la balle et à la toupie, en entremêlant ce jeu bruyant, mais fort innocent, de collations. Quelquefois une poésie touchante se mêlait à ce singulier usage. Le jour de la Pentecôte, par exemple, on faisait descendre dans le chœur une figure ornée de guirlandes de fleurs, on lâchait dans l'église des bandes d'oiseaux qu'on poursuivait avec des poignées de fleurs; et l'on symbolisait ainsi avec une sorte de grâce naïve la diffusion des langues. Au milieu du dix-septième siècle, c'est-à-dire, monsieur, à l'époque la plus grave, la plus digne, on jouait encore des mystères dans l'intérieur de la cathédrale : au 1er mai on représentait *la Diablerie ou Vengeance de Jésus-Christ*; au 28 août, on *donnait* le jeu de Saint-Loup. Quant à cette fête des fous si célèbre au moyen âge, elle était à la fois très-discutée et très-désirée, on la supprimait, on la condamnait; et puis tout à coup, elle reparaissait plus joyeuse, plus bruyante, plus folle que jamais. Elle commençait avant Noël, continuait pendant les fêtes des Innocents, de la Circoncision, des Rois. Les vicaires de la cathédrale faisaient choix de l'un d'entre eux comme archevêque des fous. L'élu était porté sur l'autel des reliques, au chant du *Te Deum*, orné de sa mitre, de sa crosse, et donnait la bénédiction.

En sonnant les cloches, les enfants de chœur chantaient l'office. L'archevêque des fous devait recevoir comme salaire un jambon et une pinte de vin : en 1415 les religieux de Saint-Loup ayant refusé d'acquitter ce singulier tribut furent condamnés bien et dûment à le payer : le concile de Bâle proscrivit en 1435 ces coutumes sacriléges ; mais le préjugé populaire, plus fort que la foi, les rétablit, et, en 1445, la fête des Fous était célébrée avec un tel excès de gaieté, avec une licence si franche que l'évêque rendait une ordonnance sanctionnée par l'autorité royale. Sans doute, monsieur, que ces farces étranges vous semblent impies, cependant elles étaient jouées par des hommes naïfs qui n'y voyaient rien de scandaleux. Nous ne séparons plus aujourd'hui l'idée de prière et de respect de l'idée de Dieu ; mais nos pères avaient besoin de prendre à certains moments leur revanche de leur soumission. Le lendemain de ces saturnales, ils étaient dévots et pleins de componction ; mais, ce jour là, ils se croyaient obligés à un dévergondage qui symbolisait l'infatuation de la raison humaine. Ce n'était pas une satire de la religion, c'était la satire de l'intelligence usurpant le domaine de Dieu ; voilà pourquoi, il faut, tout en se félicitant de la fin de ces usages grossiers, ne point trop s'en moquer, ni s'en scandaliser. Nous sommes plus graves ; sommes-nous plus fervents ? sans doute, on offensait alors la morale par ces jeux puérils ; mais où fait-on aujourd'hui les grandes choses religieuses qu'on entreprenait alors ?

— Vous savez expliquer les événements à un point de vue édifiant, repartis-je en serrant les mains de M. Columbat, et je sens qu'il y a un merveilleux profit à fouiller les légendes en compagnie d'une âme droite et lumineuse comme la vôtre. Mais puisque nous sommes sur le chapitre des aberrations réelles ou feintes des peuples, ne pourriez-vous me donner quelques détails relativement à cette célèbre légende locale, *la chair salée?*

— De grand cœur! répondit en riant M. Columbat. Je me sens tout rajeuni par vos questions, ah! monsieur, nous n'épuiserons pas aujourd'hui tout le trésor de nos légendes, et vous me promettez bien des joies par votre curiosité. Depuis tant d'années, j'étudie, je lis, je réfléchis pour moi seul, que j'ai comme une démangeaison de ne pas m'arrêter : quand j'aurai fini, quand vous serez parti; qui donc viendra m'interroger? Je retournerai m'asseoir à cette place, je reprendrai mon travail, je retomberai dans ce silence qui est pour moi comme un premier suaire : vous m'avez ressuscité pour quelques jours ; peut-être ne sentirai-je que plus vivement la froideur de mon tombeau quand votre curiosité bienveillante m'aura retiré la chaleur de son rayon.

En achevant ces mots, M. Columbat faisait des efforts inouïs pour retenir entre ses paupières de vraies et belles larmes qui se tordaient et voulaient tomber. Je me sentais pris d'une sympathie toute filiale pour ce brave homme, je le rassurai et lui promis une de ces amitiés vivantes et continues qui ne laissent jamais chômer le cœur ; et après avoir rajusté sa perruque, recroisé sa douillette, il reprit de cette façon.

VI

Qui traite de la charcuterie comme élément poétique.

— Vous voulez savoir ce que c'est que cette chair salée, dont on a découpé l'image en girouettes, et qui n'existe plus que sur nos toits pour attester la variabilité des saisons et des engouements humains. Soyez satisfait. Je vous dois d'abord une description du monstre, ou plutôt rappelez-vous les vers de M. Racine dans le fameux récit de Théramène. C'est là une poésie vivante et colorée ! Je ne puis sans frémir, me répéter à moi-même ces hémistiches tout-puissants, je me suis demandé quelquefois si M. Racine qui avait dû venir en Champagne, n'avait pas copié sur quelque image représentant *la chair salée*, cet horrible portrait de son monstre : on ne décrit, ainsi qu'en présence d'un modèle.

Imaginez donc une bête hideuse, dont *la croupe se recourbe en replis tortueux*, un dragon ailé ayant le *dos couvert d'écailles jaunissantes*, porté, le jour des Rogations, sur les épaules des religieux de Saint-Loup. Tenez, monsieur, me dit M. Columbat, avec un geste effaré, en me montrant par la fenêtre le jardin de la bibliothèque, nous sommes ici même dans le cloître de Saint-Loup; c'est peut-être dans cette salle paisible qu'on cachait pendant les autres mois de l'année ce monstre terrible ; c'était par ce jardin que la procession commençait ; le voyez-vous qui passe là-bas ; il est en bronze : à chaque pas le porteur qui le soulève *recule épouvanté*. Un ingénieux mécanisme fait mouvoir ses yeux, sa langue et ses ailes, et quand il ouvre sa gueule ornée de dents menaçantes, on ne voit pas sortir de flammes ; mais de jeunes enfants jettent dans ce gouffre des échaudés, des gâteaux de toutes sortes.

Le dragon troyen n'a pas la structure intérieure que Vaucanson donna depuis à ses automates; si bien que la nourriture engloutie est reçue intacte par les porteurs du monstre et leur tient lieu de gratification. Le premier jour le dragon se fiançait : on lui mettait des couronnes de fleurs; le second jour, il se mariait et, pour cette solennité, on l'ajustait avec des rubans et des pompons : rien de plus bizarre et de plus sinistrement joyeux que ces colifichets servant de parure à la bête infernale ! Le troisième jour le dragon ne survivait pas à ses noces ; en marié bien appris, il mourait, et on le reportait, la queue en avant, les yeux, les ailes immobiles, sans fleurs ni pompons, comme il convient à un être qui prend la route du tombeau.

Un jour le dragon faillit devenir un hydre d'anarchie ; comme on le portait à l'église Saint-Pantaléon, c'était en 1727, le second jour des Rogations, le curé de cette paroisse ne voulut pas recevoir dans l'enceinte sacrée ce symbole d'hérésie, il le fit mettre dans un charnier, estimant que c'était une retraite suffisante ; mais les religieux de Saint-Loup résistèrent; une lutte parut imminente, et il ne fallut rien moins que l'autorité de l'évêque pour étouffer ce symptôme de discorde. L'année suivante le dragon fut officiellement condamné à la destruction. Il n'y eut là ni paladin, ni chevalier pour le pourfendre, mais on fit venir un chaudronnier, et on lui vendit en détail les débris du monstre ; la tête horrifique, la queue gigantesque, les yeux fascinateurs servirent à des marmites et à la fabrication des huguenotes ; c'est ainsi que finit ce personnage qui a joué un grand rôle dans les légendes champenoises. La tradition voulait que ce fût la figure d'un dragon véritable dont saint Loup avait délivré le pays, et dont on avait salé la carcasse ; d'où lui serait venu le surnom de *chair salée* ; mais ce n'est ici qu'un *on-dit* et le monstre n'était pas plus, je crois, la portraicture d'un monstre véritable et authentique, que celle d'Attila chassé de Troyes par saint Loup. Il représentait à coup sûr l'hérésie, vaincue par saint Loup, et si on disait qu'il était salé, c'est qu'à Troyes la salaison est en grand honneur ; et que quand on allait l'enfermer, le peuple sans doute qui se souvient de l'industrie locale, disait : il va être salé jusqu'à l'année prochaine ; c'est-à-dire, précieusement conservé, comme on l'est généralement dans le sel. Voilà, monsieur, tout ce qu'on sait de cet emblème. C'est peut-être bien à quelque chose d'analogue à ce monstre qu'on doit la locution si pittoresque et si usitée de l'hydre de l'anarchie; les journaux, qui ne sont pas si bêtes qu'ils en ont l'air, auront pris ce terme figuré aux processions des Champenois ; et si je ne craignais de vous paraître un peu caustique, je vous dirais que l'hydre de l'anarchie me semble aussi de la chair salée. On ne tue jamais suffisamment le monstre en France : mais quand on le croit bien mort et bien enfermé dans son tombeau, il n'est pour la plupart du temps que salé, et un beau jour, on le voit ressortir frétillant, remuant la queue, les yeux, tirant une horrible langue rouge et porté, Dieu me pardonne, par des gamins !

En achevant cette raillerie fort apprêtée, M. Columbat me regarda d'un air profond; je m'inclinai pour lui cacher mon sourire, et je lui demandai s'il ne pensait pas que cette chair salée fût simplement un étendard de confrérie. Les charcutiers ayant toujours été en grand honneur à Troyes, il me semblait naturel qu'ils eussent institué une fête dans laquelle le dragon eût joué le rôle innocent de la charcuterie savante et perfectionnée.

Mais mon interlocuteur accueillit dédaigneusement cette conjecture.

— La chair salée, me dit-il, emprunta son nom aux charcutiers mais ne leur servit jamais d'enseigne. On l'appela ainsi par suite de cette tendance locale à tout parfumer des émanations nutritives de la chair à saucisse. En cherchant au fond des habitudes et des noms champenois, vous retrouverez toujours un peu de viande.

Nos plus jolies promenades, vous le savez, s'appellent tout simplement le *Pied-de-Cochon*, la *Vacherie;* la rue principale est la rue de l'*Épicerie*. A Provins, le pays des roses, on eût nommé ces sentiers si verts et si couverts de noms charmants, comme la *Voulzie, Fontaine-Riante, Saint-Brice;* à Troyes on appelle les choses de la façon qu'on aime ; et la poésie locale n'est point de la poésie creuse, elle est bien nourrie et sait digérer les aliments robustes. Philippe le Bel et sa femme, Jeanne de Navarre, voulurent accorder des priviléges au chapitre de Saint-Urbain. Voici ce que les notables de la paroisse demandèrent, ce fut *que chaque personne ayant personnage en ladite église et ses successeurs pût faire amener deux tonneaux de vin en la maison, sans en payer portage ou entrée, ou aucune redevance*. Philippe le Bel trouva la demande raisonnable et sensée et l'accorda. Charles IV confirma ce privilége en 1327. On aime le solide et on en jouit. Si l'on n'est pas mouton par l'esprit ; on l'est par le goût du bon pâturage.

M. Columbat se permit un petit rire à la fin de cette tirade humoristique ; j'en pris texte pour lui offrir de se reposer et de venir consacrer notre jeune amitié par un déjeuner simple et franc, comme ceux devant lesquels s'attablaient probablement nos pères. Le brave homme y consentit, et une heure après, nous étions assis côte à côte devisant toujours de la Champagne et nous congratulant réciproquement des fibres champenoises que nous faisions si harmonieusement résonner en nous.

Je dois ajouter que M. Columbat, par une contradiction

heureuse, ne parut point scandalisé des côtelettes de mouton que je fis passer sur son assiette, il donna un éclatant démenti à ses théories, et je ne l'en estimai que davantage. Je trouvais en lui une candeur qui me ravissait. Ce n'était pas un de ces savants qui visent à la logique par l'arrangement arbitraire de leurs habitudes, et qui trompent leur nature pour la mettre d'accord avec leurs théories. M. Columbat philosophait à propos, et il ne considéra point comme un repas d'Atrides, le petit déjeuner que je lui offris.

On verra, par la suite de ce récit, les surprenantes excursions qui advinrent de ce tête-à-tête, et comment, M. Columbat faisant de sa perruque ce que le Diable boiteux faisait de son manteau, nous pûmes voyager sans danger à travers les régions les plus ardues et les plus charmantes, du rêve, de la fantaisie et de l'histoire. Puissent nos lecteurs avoir conçu le désir de nous y suivre !

7.

VII

M. Columbat s'en va-t-en guerre.

Le lendemain, je trouvai M. Columbat au rendez-vous fixé. Je fus étonné du changement opéré dans sa physionomie : le brave homme était en pleine résurrection. Sa perruque me parut mieux frisée, sa douillette moins râpée. Il m'attendait, brossé, ciré, rasé, martialement appuyé sur un de ces énormes parapluies de coton bleu à large bordure. Je fus un peu surpris de cette précaution, car le ciel, pour n'être pas d'un azur aussi profond que celui du parapluie, était cependant d'une couleur parfaitement rassurante; mais j'eus de nombreuses occasions de comprendre depuis que ce meuble n'avait dans la main de M. Columbat d'autre intention que celle de servir en quelque sorte de bâton augural. C'était l'instrument magique avec lequel il frappait les ruines, désignait les monuments; naïf et touchant emblème qui nous avertissait de nous défier de notre présomption autant que de la sérénité du ciel.

Après quelques minutes, j'abordai l'objet de notre rendez-vous. M. Columbat, qui n'avait besoin que de sentir l'étrier à portée de son pied, enfourcha son dada et partit pour son excursion à travers l'histoire de la Champagne.

Je ferai grâce à mes lecteurs des détails savants et minutieux que, pendant plusieurs jours, je ne cessai de recueillir, et je m'en tiendrai aux principales circonstances de notre pèlerinage, heureux si ce résumé ne semble pas encore trop long !

Troyes est une des villes les plus anciennes et les plus modernisées ; c'est-à-dire qu'il en est peu où, sous le prétexte d'hygiène et d'embellissement municipal, le marteau et le pic se soient exercés avec plus de bonne volonté, et Dieu sait par quels spécimens d'architecture contemporaine la fatuité des démolisseurs s'est manifestée ! M. Columbat voulut me reconstruire par la pensée toute la vieille cité du moyen âge. Il évoqua les trois châteaux emportés, les couvents, les murailles ; il me rendit visible et palpable cette ville qui méritait, en 1521, des lettres patentes de François Ier, dans lesquelles on lisait : « *Que la ville de Troyes est des villes du*
» *royaume la plus requise, dans l'occurrence, à être te-*
» *nue en bonne garde, sûreté, fortifications et muni-*
» *tions.* » La vieille armure s'est ébréchée ; puis un beau jour, on en a dispersé les débris. La ligne des remparts s'est abaissée, les arbres, le lierre, la mousse, les haies des jardins ont pris d'assaut la forteresse et ont fait flotter la verte bannière (l'étendard éternel de Dieu) sur les

tourelles démantelées. Les fossés, presque remplis, sont des rigoles ou de petits filets d'eau moussue et insalubre réjouissant les grenouilles et mécontentant les laveuses; les farouches boulevards sont d'innocentes promenades.

Troyes est assise au milieu d'une plaine fertile et ombreuse. Une infinité de canaux la traversent, qui, sous prétexte de servir à différents métiers, se font parfois les véhicules des choses les plus incongrues et affectent les couleurs les plus équivoques, les saveurs les moins rassurantes; mais cet inconvénient commence au seuil de la cité industrieuse; au dehors, l'homme n'a plus de droit, et l'eau serpente fort joyeusement et fort proprement. La Seine passe au chevet de la ville, mais la Seine toute petite, humble, résignée, n'osant porter de gros bateaux et se laissant fouiller par des enfants, mouillés jusqu'aux genoux, qui viennent lui prendre en riant les écrevisses et les poissons. Troyes, *extrà-muros* est une oasis dans le sable et la craie; rien de plus joli, de plus gracieux, et j'oserais presque dire de plus spirituel, que ses environs. Malheureusement tous ces avantages ne pénètrent pas en ville et sont consignés à l'octroi.

Les seules vestiges importants de l'ancienne Troyes sont les églises. De toute cette dentelle de pierre qui festonnait la robe armoriée de la vieille ville, il ne reste plus que le fragment béni. L'abbaye de Saint-Loup, qui renferme la bibliothèque, est, à l'heure où je la visite avec M. Columbat, une sorte de caserne, vaste, haute et branlante, où les livres se flétrissent dans l'abandon au premier étage, et où des tableaux se moisissent au rez-de-chaussée.

La cathédrale, à quelques pas de là, domine cette grande masure, et couvre de son ombre imposante les monuments chétifs que l'on a entassés à ses pieds. Ce fut vers la cathédrale que nous nous dirigeâmes; et avant d'y pénétrer, nous nous arrêtâmes en contemplation, ou plutôt en admiration, devant une des œuvres les plus imposantes de ce génie anonyme qui a couvert la France du moyen âge de ses immortelles basiliques.

M. Columbat était plus que sérieux; une sorte de majesté enlevait à ses traits leur grimace habituelle; il était presque beau, tant il y avait de foi recueillie, d'admiration sincère sur son visage; il avait le doigt levé vers la tour, et son geste muet semblait me dire : Inclinez-vous, fils d'une époque impie, devant cette manifestation du génie religieux de vos ancêtres.

VIII

La légende de Saint-Pierre.

J'ai entendu dire, commença en soupirant M. Columbat, que le diable avait été pour quelque chose dans le plan de la cathédrale de Cologne, et que, par cette raison, l'œuvre restait et resterait toujours inachevée. Je ne crois pas qu'aucun pacte infernal ait présidé à la construction de l'église Saint-Pierre; mais je sais bien qu'on en répare les ruines avant qu'elle soit finie. Que d'accidents, que d'incendies, que de malheurs de toute espèce l'ont assaillie! Elle n'a qu'une tour, et vous voyez, monsieur, qu'on l'étaye pour reprendre les soubassements; des gouttes d'eau, en tombant pendant des siècles, ont creusé un abîme sous les pieds du géant de pierre; mais telle qu'elle est, mutilée, crevassée, réparée, notre cathédrale est encore un des beaux monuments de la France.

Elle date de la fin du douzième siècle et du commencement du treizième. Hervée, le soixantième évêque de

Troyes, passe généralement pour son fondateur. Ce fut lui-même qui dressa le plan, ce fut lui qui présida aux premières constructions, et la légende lui attribue les chapelles absidales et le sanctuaire, la plus pure et la plus harmonieuse des parties. Les proportions de l'édifice sont gigantesques. — Vous avez des yeux pour voir, monsieur, me dit avec un redoublement de gravité M. Columbat; vous avez, je crois, une âme pour comprendre : voyez donc et comprenez! Je bornerai les notions essentielles à ce renseignement : du sol jusqu'au sommet de la tour, Saint-Pierre a 222 pieds de hauteur; la longueur extérieur de l'église est de 117 mètres; sa largeur est de 51 mètres 33 centimètres; la hauteur des voûtes de la grande nef est de 30 mètres, et cinq nefs partagent le monument, qu'éclairent 182 verrières. Est-ce assez d'espace pour y enfermer votre pensée?

Notre-Dame de Paris a deux tours. C'est là un avantage assurément; mais elle n'a pas, je l'en défie, cette profusion de vitraux splendides, cette légèreté des piliers, cette multiplicité d'arceaux, qui font de notre cathédrale un chef-d'œuvre entre les chefs-d'œuvre.

Après ce préambule, M. Columbat me fit admirer en détail la tour, le portail, la façade de l'édifice. Je déplorai avec lui les mutilations que le temps et la sottise des révolutions avaient infligées à ce vénérable sanctuaire, et j'entrai enfin, plein de componction, dans cette nef mystérieuse.

La première impression est celle de la nuit. Le jour des vivants éblouit les yeux; mais quand on pénètre dans la maison du Seigneur, le jour devient mélancolique et sombre; peu à peu cependant, on se reconnaît, on s'habitue. Les vitraux se détachent; cette merveilleuse imagerie, qui s'étale dans les ogives, laisse pénétrer quelques rayons; on admire, on prie, on se courbe sous la formidable poésie de ces sanctuaires.

Pendant que je me sentais pénétré jusqu'à l'âme de la fraîcheur des abris mystiques, M. Columbat accomplissait en conscience son devoir de cicérone; il m'expliquait la date des diverses constructions, comme quoi les vitraux, uniques en France, reproduisaient saint Louis et la reine Blanche, Adam et Ève, l'histoire de saint Savinien, des saints, des saintes, des rois, des princes, des empereurs, des figures diaboliques, etc. Je fais grâce des noms des artistes, des détails dont m'accablait l'érudition patriotique de M. Columbat. D'ailleurs je n'écoutai réellement et je ne voulus comprendre que quand il toucha à l'histoire et à la légende.

La cathédrale avait autrefois un clocher. M. Columbat me fit le récit de sa fondation. En 1413 on fit marché avec Jean de Nantes, moyennant 9 sols par jour pour lui et 2 sols pour chacun de ses ouvriers; l'abbé de Saint-Loup donna six chênes de choix, et on se mit à l'œuvre. Par malheur les Anglais vinrent en Champagne; le clocher resta interrompu; on jeta les morceaux de bois dans la rivière, et on attendit. Jeanne d'Arc, en 1429, chassa les Anglais de la Champagne, vint s'agenouiller dans la cathédrale, et dit en sortant :

— Faites votre clocher, ils n'y reviendront plus!

On retira les madriers de la rivière; le fils de Jean de Nantes reprit le plan de son père, et, le 20 mars 1430, un beau coq doré, éveillé, bec ouvert, ne manquant que de langage, juché au sommet, apprit aux Troyens que l'œuvre était à terme.

On prodigua les récompenses et les réjouissances, c'est-à-dire qu'on donna 31 sols aux ouvriers, et que le dîner épiscopal ne coûta pas moins de 4 livres 12 sols 6 deniers, sans compter un muids de vin donné en cadeau par un chanoine.

En 1506, c'est-à-dire l'année même où fut posée la première pierre des fondements de Saint-Pierre de Rome, on commença la tour, qui est achevée, et pour en conduire l'ouvrage, le chapitre traita avec Martin Cambiche, maçon de Beauvais, à raison de 40 sols, un pain de prébende chaque jour, et le paiement du loyer de sa chambre. Artistes naïfs, qui ne songeaient guère à la gloire, ces tailleurs de pierre faisaient leur besogne en escomptant leur salut. Une cathédrale sans deux tours est estropiée; et l'on voulait que la belle église fût complète. Aussi en 1511, on décida qu'on commencerait les travaux de la seconde tour. Jean de Soissons succéda à Martin Cambiche, et le traité, bien et dûment signé, porta qu'il n'abandonnerait point les ouvrages avant qu'ils fussent achevés, *hors le cas de mort*. Il paraît que le seul empêchement prévu se rencontra, car la tour ne fut jamais terminée, et à l'heure qu'il est, elle attend encore les échafaudages de Jean de Soissons.

— Hélas! me dit M. Columbat, le beau clocher dont

l'église était si fière, trop fière peut-être! attira la colère du ciel. Dans la nuit du 7 au 8 octobre 1700, à une heure après minuit, la foudre gronda; on vit un trait de feu toucher à l'extrémité de la flèche. Pendant plus d'une heure, il sembla qu'une lumière, qu'un flambeau brûlait sans se communiquer. Quelques-uns criaient au miracle, quelques sceptiques criaient au feu! Les sceptiques eurent raison. On ne connaissait point alors les pompes; mais, à l'extrémité de longues perches, on élevait des éponges imbibées d'eau, ou bien l'on avait recours à d'énormes instruments qui étaient inventés avant M. de Pourceaugnac. Près de trois heures s'écoulèrent ainsi, et le follet ironique brillait, se balançait, sautillait à l'extrémité de la flèche narguant les éteigneurs. Peu à peu, cependant, et à l'intérieur, il descendait, sans qu'on le vît. Tout à coup il éclata formidable, insensé; il brisait son couvercle et léchait avec une large et affreuse langue la pauvre tour voisine, que la réverbération vacillante semblait faire trembler de peur. Le plomb fondit, les cloches elles-mêmes se liquéfièrent, et alors une pluie, qui écrasait des hommes, déborda et se répandit sur la foule. Ce fut horrible. Ce beau coq qui déployait ses ailes à 324 pieds au-dessus du sol, tomba et disparut dans le brasier. Ce désastre fut réparé promptement par les secours de Louis XIV et par le zèle des paroissiens; mais l'on ne s'avisa plus de relever le clocher; il attirait trop souvent le tonnerre; et l'on ne prévoyait pas alors l'aiguille aimantée de Franklin. Un poëte champenois, Maugard, inspiré par un si grand événement, conçut, après une laborieuse méditation, ces deux vers qu'il adressa à Louis XIV, et qu'il voulait faire graver sur le marbre, au front de l'église réparée :

> Ce temple à qui le feu causa de grands dégâts,
> A trouvé dans Louis un second Josias.

Il paraît que les Troyens n'apprécièrent pas ce distique, car il ne fut jamais inscrit que dans l'histoire locale.

Maugard fut désespéré, toute sa vie, d'une si poignante ingratitude.

Le lendemain de l'incendie, des ouvriers, appelés pour les travaux les plus urgents, prenaient leur repas de midi dans la cathédrale. Ils n'avaient pas pour ce lieu tout le respect qu'il exige, et, tout en buvant le petit vin du pays, ils s'égayaient outre mesure, se moquant du clocher incendié comme d'un nigaud ; ils apostrophèrent même à ce sujet une statue colossale de saint Michel, élevée sur le pignon de l'église, et qui, sans faire un geste, avait laissé brûler sous ses yeux le plus beau clocher qu'il y eût en France. N'était-il pas aussi facile d'éteindre le feu que de tuer un dragon ? Nos hommes rirent beaucoup de l'impuissance de ce gros saint immobile ; mais voilà que leur rire fut répété par un écho si formidable, qu'il leur sembla que c'était saint Michel lui-même qui riait sur son pignon. Quelques-uns tremblèrent et parlèrent de se retirer ou de causer avec plus de dévotion. Mais, trois ouvriers, trois impies, excités par le vin, raillèrent les peureux, emplirent leurs tasses et, les élevant au-dessus de leur tête, défièrent saint Michel de descendre et de venir boire un coup de vin de Sillery, pour se guérir de la grande peur qu'il avait eue dans la nuit précédente.

On entendit alors comme un grondement.

— Saint Michel consent, s'écria l'un des sacrilèges.

— Le voici qui se chausse pour descendre, ajouta un second.

— Mais il frappe un peu trop fort de son talon, murmura le troisième.

En effet, on entendait dans la voûte des craquements terribles. Tout à coup, avant qu'aucun des trois ouvriers eût eu le temps ou seulement la pensée de fuir, la gigantesque statue, perçant, déchirant, broyant tout sous sa masse, était descendue et tombée sur eux, qu'elle écrasa. Et saint Michel les tua si bien qu'il les enterra du même coup, et que, quand on voulut retrouver les cadavres des trois imprudents, il fallut creuser le sol dans lequel ils étaient enfouis sous la masse énorme qui les avait accablés.

— Que dites-vous de la légende?

Et M. Columbat s'appuyait, d'un air triomphant sur son parapluie, en me regardant du coin de l'œil.

— Je dis qu'elle ressemble au *festin de Pierre* et que Molière l'a racontée.

— J'en ai une autre à vous confier qui, pour appartenir, selon la tradition, à notre cathédrale, n'en est pas moins assez répandue dans le monde. Vous voyez cette belle rosace; elle fut la cause d'un drame touchant. Elle est due au talent d'un artiste de génie inconnu, qui possédait une fille aussi gracieuse, aussi svelte que ces ogives, aussi vénérée que ce sanctuaire. Un jeune ouvrier de son père demanda sa main.

— Je consens au mariage, dit l'artiste, mais à une condition : c'est que l'époux de ma fille pourra prétendre à l'honneur de continuer ma tâche. Qu'il s'essaye dans une œuvre difficile, je lui promets la récompense. J'ai fait ma rosace, qu'il fasse la sienne.

Le pauvre jeune homme ne se le fit pas répéter. Il attendrit la pierre, il l'anima du feu de ses rêves, il pâlit, maigrit sur son échafaudage ; et, quand enfin il crut avoir accompli sa tâche, c'est-à-dire, avoir vaincu, il descendit tout tremblant de son échelle, alla chercher son maître et sa fille et les amena en présence de sa rosace. Le maître sourit, la jeune fille rougit ; mais, après un examen sérieux :

— Il y a là un défaut, dit le père, on s'est trop pressé.

Et de son doigt il fit voir une infraction aux règles du métier. La faute était peu visible, mais elle était réelle. Le jeune artiste pleura.

— Après tout, reprit le père, tu as du génie et je te donne ma fille ! Tu étudieras et tu feras mieux : pour cette fois je te pardonne.

— Je ne veux point de pitié ! s'écria le jeune homme : je suis vaincu, je n'ai pas droit à la récompense !

Et s'élançant au sommet de ses échafaudages, il se précipita, tête baissée, sur le pavé de l'église.

— Pauvre fou ! murmurai-je.

— N'est-ce pas? continua tristement M. Columbat; mais n'y a-t-il pas pourtant je ne sais quel respect de l'amour dans cet orgueil intraitable? Il ne voulait pas obtenir par pitié ce qui ne devait être acquis que par le triomphe.

— Oui; mais, au lieu de se punir, il frappa sa fiancée innocente.

— La rosace du jeune artiste manquait de solidité. Il y a quelques années qu'après plusieurs siècles de réparations renaissantes et inutiles on la démolit, pour la remplacer par la rosace de fonte que vous voyez maintenant.

Je fus étonné de l'accent triste avec lequel M. Columbat débita ces paroles; mais je compris sa mélancolie en jetant un regard sur cette rosace moderne. Légère et gracieuse, mais mesquine, elle étalait insolemment ses découpures faciles, et semblait narguer la rosace de pierre, qui la regardait doucement de tous ses yeux verts ou roses. Ajoutez à ce défaut les peintures criardes et farouches, incapables d'opposer au soleil ce réseau opaque qui en tamise la lumière, et vous approuverez la juste douleur de M. Columbat.

Les réparations entreprises à la cathédrale de Troyes sont, en général, assez heureuses; mais celle-ci est une cacophonie qui brise le chœur mélodieux du monument.

Une belle statue de la Vierge, par M. Simart, est une des rares offrandes déposées par le génie moderne dans l'antique église; mais si la pureté des lignes et la correction du ciseau ne suffisent pas à faire un chef-d'œuvre, la statue manque de cette inspiration suprême qui consacre définitivement les créations humaines. Point de tableaux, peu d'ornements ; une chaire travaillée au couteau, comme les joujoux de la Suisse, et remplaçant une chaire vermoulue dans laquelle saint Bernard avait prêché ; un magnifique buffet d'orgue, enlevé autrefois au monastère de Clairvaux ; voilà, en résumé, le bilan artistique de Saint-Pierre. C'est une magnifique châsse, mais dans laquelle il y a peu de choses.

M. Columbat, après m'avoir promené à tous les étages de l'église, me fit passer devant les yeux dans un récit naïf et coloré, tous les hommes qui vinrent s'agenouiller et prier dans cette nef austère. Saint Bernard y a prêché la croisade ; Abeilard y a gémi peut-être, en allant au Paraclet ; Jeanne d'Arc y a fait bénir son drapeau. C'était dans le chœur que se célébraient ces mystères, ces folies dont nous avons parlé ; c'était devant la porte principale qu'avaient lieu les abjurations, les excommunications, les amendes honorables. En 1377, un prévôt de Troyes, nommé Jean de Rien-Val, fut conduit processionnellement dans toute l'église portant un *plat d'argent du poids de quatre marcs, et un cierge ardent du poids de quatre livres de cire ;* et, en présence de l'évêque, ledit prévôt vint déclarer qu'il avait fait appliquer injustement à la question deux clercs et un laïque. Et, après amende honorable, on suspendit en offrande le plat d'argent à l'autel. C'était dans la cathédrale qu'avait lieu la cérémonie par laquelle on mettait le lépreux, le *ladre,* hors du seuil. On lui couvrait la tête; il baisait le pied du curé, et celui-ci, lui jetant par trois fois de la terre avec une pelle, lui disait : « Mon ami, c'est signe que tu es mort, quant au monde, et, pour ce, aie patience en toi. » Puis, la messe dite, on allait enfermer le ladre dans sa maison. Et alors, on lui intimait défense de boire à aucun puits; on lui ordonnait de mettre des gants pour s'appuyer au parapet d'un pont, de parler à personne sans s'être mis *au-dessous* du vent.

IX

Histoire des diverses églises.

Nous visitâmes dans la même journée toutes les églises. Saint-Nizier est peut-être la plus ancienne. Mais, à part ce titre respectable, elle n'a rien qui puisse intéresser. Pauvre, nue, elle n'offre, pour toute particularité curieuse, qu'une toiture de briques vernissées. M. Columbat avait beau m'affirmer que Vauban admirait par dessus tout cette simple et naïve basilique, je ne pus qu'avouer ma froideur. Peut-être bien aussi, Vauban ne voyait-il dans cette église qu'un local merveilleux pour une caserne ou pour un grenier à munitions.

L'ancien couvent des Cordeliers, aujourd'hui transformé en maison d'arrêt, avait autrefois une chapelle dont il ne reste aucun vestige. M. Columbat se borna à me citer l'épitaphe humoristique qui se lisait dans un des coins du monument. Je l'ai copiée et je la transmets religieusement : « Cy repose et gist Louis Duval, écuyer, » en son vivant seigneur haut justicier, moyen et bas,

» de la terre et seigneurie de Fay, des bois de Pompée
» et Sainte-Colombe, près Nogent-sur-Seine, lequel dé-
» céda en cette ville de Troyes, le dernier jour d'octo-
» bre, l'an 1602, et qui, de son vivant, avoit donné
» tous ses biens à son fils, réservant les usufruits pour
» lui, sa vie durant. Il prie tous ceux qui liront cette
» mémoire de prier Dieu pour lui, et qu'ils ne fassent
» pas comme lui, car il s'en est mal trouvé. »

Cette raillerie posthume, cette vengeance paternelle me fit sourire ; j'y reconnus bien la malice naïve des Champenois, et ce me fut un trait de plus pour graver leur physionomie dans mon esprit.

Le couvent de Saint-Loup qui sert de bibliothèque et de musée, n'avait non plus, ainsi que je l'ai déjà dit, rien de curieux à nous offrir. M. Columbat se rappela seulement que le roi Charles le Chauve, dont le vestiaire n'était pas abondamment pourvu, se trouva, un jour qu'il passait par Troyes, dans une position bien délicate. Son haut de chausse faisait défaut à sa majesté, et lui manquait de respect, en s'éraillant, en se déchirant. Le monarque désespéré, n'avait pas même la ressource de Dagobert ; car l'envers ne valait pas mieux que l'endroit.

Alors il convoqua les savetiers troyens, et, grâce à leur fil le plus serré, à leur alène la plus fine, sa majesté put continuer sa route dans un appareil beaucoup plus décent. Cette reprise ne fut pas perdue ; car elle valut aux savetiers une belle page sur parchemin, dans laquelle le bon roi déclarait qu'en mémoire de cet événement il autorisait la confrérie à célébrer la fête patronale dans l'église de Saint-Loup.

L'église Saint-Remi est une masure sans style, sans caractère; elle est coiffée d'un immense clocher, et, si l'on veut absolument s'émouvoir, il faut accorder une admiration très-complaisante à ce gigantesque éteignoir. Au pied de la tour qui supporte cette pyramide, on lit cette inscription, que M. Columbat déchiffra sans la regarder :

> L'an de grâce mille trois cens
> Quatre-vingt-six, de léal cens,
> Dix jour d'avril fut commencée
> Cette jolie tour carrée
> Par les marguilliers de l'église
> Dieu leur doint grâce et franchise.

Un Christ en bronze, de Girardon, et une plaque de marbre sur laquelle le célèbre sculpteur a gravé les titres d'une fondation pieuse, tels sont les seuls ornements de cette pauvre église. Elle avait autrefois de beaux vitraux, des tableaux renommés, tout a disparu. Une anecdote se rattache à une statue autrefois célèbre, et depuis longtemps émiettée. Voici en quels termes M. Columbat me transmit cette légende.

— Vous avez sans doute entendu plaisanter les Troyens sur leur façon toute particulière de parler et de changer les terminaisons des mots. Autrefois surtout, cette manie était poussée à un point extrême. C'était ainsi qu'au lieu de dire : « *Le chemin de Saint-Remi* » on disait, et on dit encore dans quelques campagnes des environs : « *Le chemi de Saint-Remin.* » Depuis qu'on met moins de cinq jours pour faire les quarante lieues qui nous séparent de Paris, on a perdu ces marques touchantes d'originalité, et je ne désespère pas, monsieur, d'entendre nos compatriotes parler aussi bien qu'à l'Académie, s'il est vrai que l'on parle à l'Académie..... Eh bien ! vous ne serez pas étonné d'apprendre qu'il y avait autrefois à l'extérieur de l'église une grosse et robuste statue qu'on appelait le *Gros Dieu de Saint-Remin.* On y faisait des dévotions perpétuelles, et les tisserands du quartier ne manquaient jamais de dire bonjour au *Gros Dieu.* Un jour, le bruit se répandit que, dans la nuit, le *Gros Dieu* s'était retourné et qu'il ne présentait plus exclusivement son visage aux passants. On cria au miracle, et un marchand de vin dont la boutique était précisément située vis-à-vis de la statue, cria plus fort que les autres. On accourut placer des cierges autour du piédestal, et chacun de se demander quel avertissement se cachait dans ce prodige. Le clergé seul ne crut pas au miracle; il avertit la justice. On manda le cabaretier fanatique, et, en acculant un peu sa dévotion, on finit par lui faire avouer que c'était lui qui avait opéré le prodige, pour faciliter le débit de deux muids de vin qui étaient sur le point de se gâter; et il ajoutait en pleurant qu'il était d'autant plus contrit et repentant, que sa ruse avait eu un plein succès, et qu'il avait vendu trois muids au lieu de deux, tant son miracle avait attiré de visiteurs et altéré de gosiers. On rit de la supercherie, et on remit le Gros Dieu en place. Depuis il n'a plus bougé.

Comme nous allions quitter Saint-Remi, je saluai devant l'entrée de l'église une porte croulante, au-dessus de laquelle se lit une inscription grecque.

— Ne me parlez pas de ce monument, dis-je à M. Columbat, je le connais.

C'est le collége. Fondé par les frères Pithou, dont l'un fut l'illustre collaborateur de la satire Ménippée, et qui dotèrent la jeunesse studieuse des *fables de Phèdre*, ce collége, autrefois dirigé par des oratoriens, est aujourd'hui un établissement laïque important; mais il n'offre rien de remarquable à la meilleure volonté.

Nous allâmes faire une station à la ravissante église de Saint-Urbain. Là, nous fûmes saisis de ce transport religieux que les chefs-d'œuvre de l'art gothique sont si puissants à évoquer. Rien de plus léger que ces flèches, ces clochetons en dentelles, ces arcs élancés, qui sont des prières visibles et des pétrifications de l'extase. Je fus de l'avis de M. Columbat, quand ce dernier m'assura que l'église de Saint-Urbain l'emportait sur ce délicieux bijou de Paris qu'on nomme la Sainte-Chapelle. Par malheur, ce monument sublime n'est pas achevé et le goût des marguilliers a déshonoré l'intérieur par un autel en carton-plâtre dû au talent d'un décorateur de cafés parisiens. C'est l'anachronisme le plus honteux et le plus prétentieux qu'il soit possible d'imaginer.

Jacques Pantaléon, patriarche de Jérusalem, fils d'un cordonnier de Troyes, devint pape en 1262. Il se souvint

8.

alors de l'échoppe paternelle, et, sur son emplacement, voulut faire construire un temple au Seigneur qui l'avait appelé à lui.

L'œuvre, inspirée par une double piété, fut entreprise avec vigueur; aussi est-elle remarquable par l'unité de style; on sent qu'aucune préoccupation n'est venue distraire l'artiste. Quand achèvera-t-on l'œuvre laissée incomplète par la mort du pape Urbain ?

De Saint-Urbain M. Columbat me dirigea vers l'église de Saint-Jean au Marché.

Nous n'avions plus cette fois à admirer l'unité de l'architecture. Saint-Jean a deux parties : l'une pesante, lourde, massive; l'autre fière, imposante et ornée. Cette vieille église a beaucoup souffert; il ne lui reste, comme richesse artistique, que deux tableaux de Mignard, le *Baptême du Christ* et le *Père éternel*; une fort belle verrière, reproduisant le sacre de Louis le Bègue, couronné roi d'Aquitaine, le 7 septembre 878, au concile de Troyes, par le pape Jean VIII; quelques médaillons de Girardon, des débris de vitraux assez curieux.

Saint-Jean a joué un grand rôle dans l'histoire locale. Ce fut là que s'accomplit, le 2 juin 1420, le mariage d'Henri V d'Angleterre avec Catherine de France, fille de Charles VI et d'Isabeau de Bavière. Ce mariage complétait le triste traité de Troyes qui promettait le trône de France au roi d'Angleterre. Une couronne de plomb fut placée autour du clocher, pour consacrer le souvenir de cet événement. Henri V laissa sa couronne, dont on fit un reliquaire, et son manteau de brocard dont on fit une chappe. Ces différentes marques de munificence ont disparu.

L'église Sainte-Madeleine est la seule qui ait conservé des échantillons complets du style romano-bysantin. Elle ne mériterait pas un regard, sans un magnifique jubé qui s'épanouit entre les piliers massifs de ces constructions épaisses. Ce jubé est une merveille de grâce, de fantaisie, et c'est aussi un tour de force ; les deux faces présentent chacune trois archivoltes dont les festons se nouent à des pommes de pin. La double retombée des arcs s'attache à des culs de lampe supportant des statues, qui ont disparu.

La rampe est composée de fleurs de lis et de trèfles découpés. L'auteur de ce monument incomparable est enterré dessous ; il se nommait *Jean Gualdo, maçon*. Son épitaphe, pleine d'un légitime orgueil, disait qu'il *attendait la résurrection bienheureuse, sans crainte d'être écrasé*.

Sainte-Madeleine possède aussi de belles verrières. Une statue de sainte Marthe due au ciseau de Dominique et de Gentil, fut élevée contre un pilier, aux frais des servantes de la paroisse. Le temps, qui a ébréché, mutilé, détruit les tombeaux des puissants, les offrandes des superbes, a respecté ces offrandes de la piété des pauvres servantes.

Il ne nous restait plus que deux églises à visiter, Saint-Pantaléon et Saint-Nicolas. La première est remarquable par sa multitude de statues plus ou moins heureuses, dues au ciseau de Gentil et de Dominique, et par les tableaux médiocres que l'admiration locale inflige à tous les visiteurs.

L'église Saint-Nicolas est adossée au rempart ; si bien qu'une des portes d'entrée est à la hauteur d'une rosace, et qu'on descend dans l'église par un grand escalier, à la moitié duquel on rencontre une tribune arrangée en calvaire. La tradition raconte qu'en 1551, un riche paroissien, nommé Michel Oudin, fit établir à ses frais ce calvaire, ainsi qu'un sépulcre placé au-dessous, sur des plans rapportés par lui de Jérusalem. Le manteau et le chapeau portés en pèlerinage furent suspendus en offrande par le donateur lui-même à un des piliers du calvaire, et, quand le sonneur s'avisait de déplacer ces objets, leur ancien propriétaire revenait la nuit le frapper de coups de bâton. M. Columbat ne sut me dire dans quel siècle le chapeau et le manteau disparurent définitivement ; mais il paraît qu'un sonneur un peu plus déterminé anéantit le dangereux *ex-voto* pour couper court aux bastonnades.

— Nous avons visité toutes les églises, me dit, en sortant, M. Columbat. Vous avez vu tout ce que Troyes possède de reliques, de vestiges des temps d'inspiration et de foi. Il ne reste plus un monument complet ; et, depuis vingt ans, on s'est bien exercé à démolir. Demain, nous parcourrons les rues, et, au hasard des découvertes, nous interrogerons l'histoire, la chronique, la légende ; mais la plus belle page, vous l'avez vue, c'est celle qui porte une croix. Combien de temps la garderons-nous encore, cette page bénie ? mon cœur, ma religion me disent : Toujours! L'homme se lassera de détruire des croyances et des chefs-d'œuvre, pour y substituer des doutes et des masures. Mais d'un autre côté, ma vieille expérience s'alarme ; j'ai peur que l'activité moderne ne s'offusque, un beau matin, de ces vieilles maisons du Seigneur, immobiles et silencieuses, et qu'on ne donne un coup de marteau à ces fleurons illustres de la vieille couronne, pour ménager un emplacement de débarcadère, ou faciliter l'établissement des rails. Oh ! le progrès ! le progrès ! Quelle terrible maladie de croissance ; elle donne la fièvre et quelquefois le délire !

M. Columbat était dans un accès de mélancolie que je respectai. Nous sortîmes de la ville, et nous allâmes par les promenades faire une visite au cimetière. Là, nous ne demandâmes pas au fossoyeur de nous donner, comme à Hamlet, l'occasion de débiter quelque amère et touchante boutade, mais nous saluâmes avec tendresse cette terre imprégnée des aïeux. En sortant de ce jardin céleste, où l'on dort d'un si merveilleux sommeil, M. Columbat me rappela l'inscription bizarre qui surmontait autrefois la porte. On lisait en effet, il y a quelques années, cette allocution de la mort :

« Passant, par où tu passes, j'ai passé.
Par où j'ai passé, tu passeras.
Comme toi vivant j'ai été,
Comme moi mort bientôt tu seras. »

— Le bon goût moderne, me dit, en souriant de son sourire le plus fin, mon aimable compagnon, s'offusqua de cette inscription naïve, on l'effaça. Depuis, on ne sut jamais en trouver une autre, et la porte reste nue. Mais, après tout, ajouta le vieillard avec un hochement de tête, ce lieu n'a pas besoin d'enseigne ; les morts y vont sans s'informer, et quand on frappe, le portier ouvre toujours, certain qu'on ne demandera pas à s'en aller.

Nous nous quittâmes sur ce propos humoristique et nous prîmes rendez-vous pour le lendemain.

X

Les maisons de pierre et les maisons de bois.

Il est bien convenu que je ne donne ici qu'un résumé de mes courses avec M. Columbat. Aussi, je ne songe point à entrer dans le détail des visites et des explorations prolongées auxquelles nous nous livrâmes les jours suivants.

Quand on a vu les églises, on a vu Troyes monumental. A part l'hôtel de ville, le reste ne vaut pas un regard. Sur l'emplacement du palais des comtes, on a creusé un bassin pour le canal.

— Ah! me dit au milieu de sa narration l'excellent M. Columbat, on ne fera jamais passer assez d'eau sur cette place pour effacer le sang qu'on y a versé. Ce fut là, dans des prisons démolies depuis, que l'on massacra les huguenots, vers la Saint-Barthélemy. Les cachots regorgeaient; le sang baignait les pieds des travailleurs: on creusa une rigole qui allait à la rivière, et qui mêla, pendant toute une journée, des flots rouges à l'eau verdâtre. Ce crime que la politique essaya de prêter à la religion, fut d'autant plus odieux à Troyes que Charles IX, mû par une sorte de remords, avait écrit qu'il faisait grâce, et que la ville de Troyes ne devait pas suivre l'exemple de Paris. Malheureusement le bailli de Troyes, Anne de Vaudrey était un de ces monstres pour qui toute bonne action à faire est un désappointement: il dissimula la lettre, et ne feignit de l'ouvrir qu'après le massacre. Ce fut dans le château des comtes qu'en 1629 le roi Louis XIII, allant rejoindre son armée dans le Dauphiné, reçut une hospitalité splendide. Le récit en est imprimé, et vous avez pu voir, sur des vitraux enlevés autrefois à l'établissement de l'arquebuse, et transportés dans la bibliothèque, le tableau exact et naïf des somptuosités troyennes. Les maisons étaient pavoisées. Louis XIII vit venir au-devant de lui *un chariot enrichi de peintures et de dorures, qui paraissait flotter sur la mer, d'où sortaient des sirènes, des tritons et des dauphins.* Il paraît que sa majesté fut émerveillée ; elle partageait le préjugé commun, et ne croyait pas les Champenois susceptibles de cette imagination. Sur ce char une magnifique jeune fille se tenait debout, offrant au roi *un cœur d'or pur, qu'un ressort faisait ouvrir, et à l'ouverture duquel on apercevait une fleur de lis du même métal, couronnée, émaillée et portée sur une double L, qu'entouraient deux branches de laurier en or émaillé.* Le château des comtes, poursuivit M. Columbat, communiquait avec l'hospice dont vous avez pu admirer la grille. La maison des princes a disparu, la maison des pauvres est restée ; c'est la seule dynastie qui ne périsse pas. L'hospice de Troyes est un grand et vaste édifice bien aéré, bien distribué, riche de donations successives, possédant de belles fermes, d'excellentes prairies, mais n'ayant à offrir sous le rapport artistique, que sa grille armoriée, qui est un merveilleux échantillon de la serrurerie la plus délicate et la plus savante du dix-huitième siècle. Il ne reste rien de la célèbre abbaye de Notre-Dame aux Nonnains. Sur son emplacement, on a élevé une très-lourde, très-vilaine, et très-triste caserne qu'on a appelée l'hôtel de la préfecture, sous le prétexte qu'on y loge le préfet. Ce monument, dressé presque en face de la flamboyante église du pape Urbain, semblait tout honteux, tout penaud ; la commisération municipale lui vint en aide d'une étrange façon. Au lieu de le démolir, on lui donna un compagnon : on bâtit à côté de lui une effroyable halle aux grains, qui a l'incontestable avantage de remplir la seule belle place de la ville, de barrer la seule belle rue, et de former le plus choquant contraste avec la plus belle église gothique. Mais, à ceux qui se plaignent de ce manque de goût, on raconte que le conseil municipal faisait jadis de l'opposition, et qu'en posant cette halle sur le pied de la préfecture, on voulait jouer un bon tour à M. le préfet. Le préfet est parti, le monument est resté : qui donc est attrapé ?

A quelque distance de l'hôtel de ville, M. Columbat m'arrêta sur une place, et, évoquant les souvenirs de mon enfance, me rappela que j'avais vu autrefois dans ce lieu d'ignobles et puantes masures, à la vieillesse desquelles le marteau vint un jour en aide, et qu'on démolit parce qu'elles ne finissaient pas de crouler : c'étaient les boucheries de Troyes. Elles furent célèbres par le précieux privilége dont elles jouissaient, de n'être jamais obsédées par les mouches. Le peuple attribuait cet avantage à un buste de saint Loup qui dominait l'édifice. Les savants hochaient la tête, et alléguaient l'essence du bois qui avait servi à la construction des étaux. Quoi qu'il en fût, maintenant les bouchers débitent la viande chez eux.

L'évocation des vieilles boucheries amena la conversation sur les maisons de bois. Troyes possédait, il y a quelques années encore, dans ce genre, d'assez nombreux échantillons de l'architecture du seizième siècle. On a démoli, modernisé, ces vieux abris de nos pères, et il en reste tout au plus deux ou trois qui peuvent offrir un spécimen de quelque importance. Çà et là, à l'angle des rues, on rencontre pourtant des pignons sculptés, historiés; mais l'affreux badigeon et les soi-disant embellissements modernes, font gémir ces vestiges égarés. La maison de l'Élection est la seule qui n'ait pas trop perdu sa physionomie ancienne. Des pilastres cannelés encadrent le rez-de-chaussée, au-devant duquel est un entresol avec corniche. Une fausse galerie, à plein cintre, appliquée sert d'appui aux fenêtres du premier étage. Une tourelle située en retraite accompagne la maison. Une belle girouette en plomb, formée de figures de salamandres et de couronnes combinées, termine la toiture.

Après avoir salué encore l'hôpital de la Trinité, grande et vieille maison du seizième siècle; l'hôtel des Chapelaines où Louis XIII coucha en 1629 et où, en 1814, après l'affaire de Montereau, l'empereur de Russie et le roi de Prusse décidèrent avec l'empereur d'Autriche, qu'ils ne traiteraient plus avec Napoléon; l'hôtel de Juvénal des Ursins, qui reçut Isabeau de Bavière, lors du fatal mariage célébré à Saint-Jean; et enfin l'hôtel de Vauluisant, l'échantillon le plus remarquable de l'architecture civile de Troyes au seizième siècle, il ne nous restait plus qu'à visiter l'hôtel de ville.

L'hôtel de ville : c'est là le centre, le cœur de la cité; c'est là que les artères battent violemment et se rompent quelquefois aux jours de crise. C'est là qu'on vient à la naissance, à la mort, et que s'accomplissent tous les actes importants : le mariage qui fait l'homme, l'élection qui fait le citoyen. L'hôtel de ville de Troyes n'aurait besoin que de quelques réparations intelligentes pour être un charmant et coquet édifice.

Une statue de Louis XIV occupait la niche de la façade principale. En 1793 on changea la tête et le sexe de la statue, on en fit une Liberté. La Restauration lui mit un casque et un bouclier, ce qui la convertit en Minerve. Espérons qu'on en restera là !

Au premier étage, la grande salle est ornée d'un grand médaillon de Girardon, représentant Louis XIV. Le sculpteur troyen fit de ce délicieux morceau une offrande à la patrie.

Des bustes des principaux Troyens célèbres sont rangés au fond de la salle et ont pour principal usage, de servir à placer les chapeaux de MM. les musiciens, quand la ville de Troyes se donne des concerts dans son hôtel de ville.

Un petit beffroi domine l'édifice; sa cloche sonne le tocsin dans les incendies et les révolutions; et hélas! elle ne chôme pas souvent.

Enfin, nous avions à peu près tout visité. Je connaissais maintenant ma ville natale. Je remerciai avec effusion mon cicérone, qui semblait triste de l'achèvement de sa tâche. Mais je répétai si souvent que Troyes s'était transfigurée à mes yeux, grâce aux évocations puissantes de M. Columbat; je parus si vivement pénétré des beautés du sol troyen, que le brave savant s'épanouit, et fut d'une vivacité presque enfantine dans ses dernières paroles.

XI

Où l'on démontre que Voltaire n'était qu'un sot.

— Ah! mon ami, me dit-il, ne perdez pas cette foi précieuse que vous paraissez avoir désormais dans la beauté de la muse champenoise! Vous avez vu des débris illustres; ouvrez l'histoire, vous verrez des faits éclatants. Les Champenois sont fidèles et leur placidité fait la constance de leurs opinions. Soyez Champenois, vous méritez bien de l'être!

— J'ai vu des monuments, répondis-je avec un sourire; vous m'avez expliqué les légendes; mais les hommes, les vivants me paraissent, en dépit de vos illusions, prendre à tâche d'oublier leurs traditions et de démolir leurs monuments.

— Ah! vous voilà retombé dans vos défiances, répliqua avec un peu d'aigreur mon aimable compagnon, vous pensez encore à la Béotie. Mais songez donc que la Béotie eut Pindare, et que la Champagne eut La Fontaine.

— Oui, celui que madame de la Sablière appelait *sa bête*, comme si elle eût dit son Champenois, La Fontaine, le Pindare des animaux!

— Hélas! vous avez le mal de votre temps, me dit avec une effusion douloureuse l'excellent M. Columbat, vous aussi, vous.êtes atteint de Voltaire.

Je souris encore.

— Est-ce que vous en voulez au philosophe de Ferney d'un mot qui lui échappa un jour? « La preuve que les Troyens descendent des guerriers de l'ancienne Troie, dit-il, c'est qu'ils n'aiment pas le grec. »

— Voltaire est un impie et un sot, s'écria M. Columbat avec une généreuse colère.

— Permettez-moi, répliquai-je, de trouver votre second terme au moins exagéré.

— Je le maintiens pourtant! Est-on forcément bête parce qu'on n'aime pas le grec! Qu'est-ce donc d'ailleurs que la bêtise? Si c'est la conscience, l'honnêteté, la douceur, la bonté, en un mot, les Champenois sont bêtes, j'en conviens; et tous les méchants, les traîtres, les intrigants sont gens d'esprit. Mais n'est-il pas plus conforme aux destinées humaines, n'est-il pas plus naturel de trouver l'esprit, le véritable esprit, l'inspiration saine et droite dans le dévouement, dans l'égalité d'humeur, dans la bonhomie? Être méchant, c'est nuire aux autres et à soi-même. Je ne vois pas pour ma part que ce soit si spirituel!

— Ainsi, interrompis-je, vous persistez à conclure que Voltaire, ce chef-d'œuvre de malice, est un sot?

— Pourquoi pas? continua M. Columbat. Il y a des sots de génie, et beaucoup de grands hommes n'ont jamais eu le sens commun. Au surplus, je dis cela sans colère; j'ai pardonné au démon de Ferney.

— C'est fort heureux, murmurai-je, et vous mettez ma conscience bien à l'aise.

— Oui, je lui pardonne; car il a dû faire au delà du tombeau, une pitoyable grimace en voyant les singuliers honneurs rendus à sa mémoire. Il semble que la bonhomie champenoise, dont il avait pu se moquer, ait été chargée de quelque sublime vengeance. Voltaire meurt le 30 mai 1778. Où va-t-on l'enterrer, ce dieu défunt de l'esprit, de la malice et de la satire? On prendra, n'est-ce pas, la terre la plus chaude, la plus imprégnée de vie, pour lui faire un tiède oreiller, qui l'inspire encore? Point; et remarquez bien ceci : c'est en Champagne, dans cette pauvre et froide argile sur laquelle paissent les moutons, qu'il vient chercher le repos; c'est à l'abbaye de Scellières, près de Nogent, qu'il va demander aux innocents Champenois le gîte, l'abri qu'il ne peut trouver ailleurs. Voltaire enterré en Champagne! n'est-ce pas un enseignement, un triomphe de la justice, une réparation éclatante? L'auteur de *Candide* se délassant de son sourire sarcastique à l'ombre du fameux proverbe des quatre-vingt-dix-neuf moutons, n'est-ce pas le comble du sublime dans l'ironie? Eh bien! ce n'est pas tout encore. J'ai vu, monsieur, moi qui vous parle, j'ai vu en 1791 (j'étais un enfant), j'ai vu paraître au soleil ce masque grimaçant et à jamais refroidi; on le retirait de sa retraite pour le ramener en triomphe à Paris. Mais la Champagne avait des droits qu'elle ne voulait pas perdre entièrement. Voltaire était son ôtage. Comme on l'exhumait, ce vieux cadavre tomba en lambeaux, et des Champenois gardèrent comme des témoignages, comme des trophées, l'un, un calcanéum, qui est resté dans la possession d'une famille troyenne; un autre, deux dents de cette mâchoire qui avait tant mordu. On avait déjà expédié son cœur à Ferney et M. Mitouart, pharmacien à Paris, gardait son cervelet dans de l'esprit-de-vin; si bien que ce pauvre grand génie fut dépecé et débité en reliques. Mais il y avait encore tant de malice dans une seule de ses dents, que le possesseur de ce débris, Antoine-François Lemaire, depuis rédacteur du journal *le Citoyen Français*, ayant commis l'imprudence de porter toujours sur lui cette dent incrustée dans un médaillon, finit par mourir fou à Bicêtre. Depuis, cette dent glorieuse et dangereuse est tombée entre les mains d'un dentiste. Mais le supplice de cet homme qui a osé s'attaquer à la plus sublime bergère et aux moutons, dure encore pour l'enseignement de l'avenir, et Voltaire, l'auteur du poëme que vous savez, n'a quitté la Champagne que pour être enterré dans les caveaux de Sainte-Geneviève, d'une église consacrée à une humble gardeuse de moutons! C'est ainsi que les Champenois sont vengés!

En achevant cette triomphante démonstration, M. Columbat souleva son chapeau auquel sa perruque adhérait, et un rayon de soleil enveloppa d'une chaude auréole le crâne dénudé de ce naïf savant; une sorte de rire béat éclairait ses lèvres; j'admirai ce patriotisme, ingénieux jusqu'au paradoxe le plus insensé, et ardent jusqu'à la superstition la plus comique. Hélas! combien de gens encore en France sont susceptibles d'éprouver ces infirmités sublimes! Pour moi, je prenais un grand plaisir à ce dialogue; et, craignant qu'il ne fût épuisé, je m'empressai de lui susciter un nouvel aliment.

XII

Qui traite de la métamorphose des moutons en hippogriffes.

— Ainsi donc, mon cher monsieur Columbat, les Champenois sont des gens d'esprit?

— Je n'ai pas dit tout à fait cela, répondit le Troyen modeste en rougissant (comme si sa réponse affirmative eût pu constituer une fatuité personnelle); mais il y a esprit et esprit. Sans doute, nous ne brillons pas par cette fine fleur d'éloquence, par cette vive repartie, qui n'est que l'épanouissement de la frivolité. Une de nos illustrations les plus sérieuses, un grand homme véritable, qu'on ne connaît pas à Paris, et qui a été dans son genre une sorte de petit Voltaire provincial, M. Grosley, a tracé en ces termes, dans l'une de ses excellentes études sur son pays, le caractère du Troyen : « Le vrai Troyen est franc, peu souple, arrêté dans ses sentiments, opiniâtre dans ses desseins et dans ses goûts. Son esprit plus ingénu que délié, moins brillant que solide, est capable de tout ce qui demande une certaine application. Naïf, aisé, sans apprêt dans le commerce de la société, il aime la plaisanterie, la raillerie et les plaisirs bruyants... Économe, attentif à ses intérêts, il sait allier le faste même avec l'économie... L'ambition, des vues de fortune l'ont-elles dépouillé de son caractère, il devient laborieux, actif, infatigable ; il sait flatter, s'insinuer, s'impatroniser ; on le prendrait pour un Gascon s'il n'ouvrait jamais la bouche. Au reste, il est rare qu'un Troyen ait quitté son pays avec le ferme propos de parvenir et qu'il ne soit pas parvenu.... Par la force de ce même caractère, un Troyen qui a le malheur d'être un sot, l'est plus qu'un autre, il l'est à perpétuité. » Voilà au vrai notre caractère.

Le dernier trait est le plus dangereux, c'est celui qui a pu nous faire soupçonner de sottise. Il ne faudrait pas vous imaginer que luttant avec tant d'âpreté contre le fameux proverbe, j'aie voulu ériger notre province en Académie de bel esprit. Ce n'est point une quintessence ; et je vous avouerai, monsieur, qu'on y fait et qu'on y débite des sottises, comme partout ailleurs et aussi bien que partout. Mais cette denrée pour ne pas nous être étrangère ne nous est cependant pas exclusivement réservée. Seulement, quand on est bête en Champagne, on l'est naïvement ; et j'ai entendu dire qu'à Paris on l'était avec outrecuidance et prétention.

Le révérend père Binet, dans la vie de *saint Aldérald*, fait dire à son saint que la ville de Troyes est pleine *de beaux esprits et de langues bien pendues ;* et Amadis

Jamyn, défendant nos compatriotes du reproche de douceur excessive, disait, dans un sonnet :

> S'ils n'aiment les procès que la fraude accompagne,
> C'est faute de malice et non d'entendement.

Bref, monsieur, si vous voulez étudier l'histoire de Troyes, vous trouverez partout des traces d'une naïveté parfois ingénieuse, qui rachète bien des balourdises. La Fontaine est un Champenois assez complet; il aimait les moutons, celui-là, et les moutons ne furent pas ingrats. C'est grâce à eux, à leurs inspirations, que l'on a pu le comparer à Pindare !

— Sans compter, repris-je, que la Béotie n'a pas seulement produit Pindare, elle eut aussi Épaminondas; et, à ce compte, la Champagne sut évoquer de ses sillons toute une légion d'Épaminondas, quand l'ennemi eut passé nos frontières.

— C'est vrai, s'écria M. Columbat, ravi de mon élan patriotique; cette pauvre vieille province si ridicule, si dénigrée, si bafouée, se fit prendre au sérieux en combattant à chaque étape de l'invasion. S'il n'eût dépendu que d'elle d'empêcher l'ennemi d'arriver à Paris, Paris était sauf. Mais les temps étaient venus, et nos laboureurs n'eurent plus qu'à se coucher tout sanglants au seuil de leurs cabanes incendiées par les Cosaques. Ah! ce fut une terrible épopée. J'ai vu passer l'Empereur; il était bien pâle, monsieur, en traversant les rues de Troyes. Il venait de Brienne, son second berceau. Il pleurait en dedans; et nous pleurions tous nos plus grosses larmes; car il nous aimait et nous l'aimions. Il était un peu Champenois par les premières années; il savait qu'on élève autre chose que des moutons dans nos plaines, et il gémissait sur les tas de héros qu'il laissait amoncelés aux revers des routes.

M. Columbat, absorbé dans ses souvenirs, s'interrompit tout à coup. En regardant son front, il me semblait voir défiler dans sa pensée ce cortége sinistre, cette cohue effarée, qui poussait Napoléon à la déroute, à l'exil. Je compris sa douleur, et j'essayai, non de l'apaiser, mais de lui ouvrir une issue. Je lui dis en lui prenant les mains :

— Je vous ai parlé d'un grand poëte qui ne mangeait pas de mouton et qui ne voulait pas en voir tuer. Il y en a encore un autre qui mérite une place dans votre estime littéraire. Celui-là a tout particulièrement vengé la Champagne. Il lui a consacré de nobles pages; il a très-bien établi que la patrie de Danton avait une énergie formidable au besoin, et qu'en l'appliquant à cette province, le mot de *bête* changeait de sens : « Il signifie alors seulement, dit-il, naïf, simple, rude, primitif; au besoin, redoutable. La bête peut fort bien être aigle ou lion; c'est ce que la Champagne a été en 1814. »

— Bravo! bravo! s'écria M. Columbat, en ôtant d'une main son chapeau et de l'autre sa perruque dans un paroxysme d'enthousiasme. Cela est bien dit! se peut-il qu'il y ait des poëtes qui s'occupent de la Champagne et que je les ignore? Le nom de celui-là, monsieur, s'il vous plaît?

— Victor Hugo !

— J'inscrirai ce nom à côté de l'autre, de Lamartine, et je lui enverrai de mes nouvelles. Ce Victor Hugo est-il Bourguignon ?

— C'est un Franc-Comtois !

— Je ne m'étonne pas alors de n'en avoir pas entendu parler ; je ne connais personne en Franche-Comté. Vous me prêterez ses œuvres ; je les lirai. Il a raison, monsieur. En 1814, la Champagne fut à la fois aigle et lion. Pauvre pays, si bien dévasté qu'en 1813 la Marne comptait 311,000 habitants, et qu'elle n'en avait encore que 309,000 en 1830. Quinze années n'avaient pas suffi pour faire rentrer dans les chaumières autant de berceaux qu'il était sorti de cercueils.

— M. Victor Hugo donne précisément aussi ce détail de statistique, ajoutai-je.

— Qu'il soit béni alors, ainsi que tous ceux qui ont jeté des larmes et des fleurs dans cette fosse sanglante qui a failli engloutir la France !

Je vis que la conversation prenait un tour attendrissant. Voulant maintenir mon respectable cicérone dans une parfaite liberté d'esprit, écarter les pensées lugubres, je lui demandai si l'on pouvait substituer la formule : « Les Champenois sont des aigles » à la formule : « Les Champenois sont des moutons ! »

— Taisez-vous, répondit-il en souriant. Mais je vous le répète, en 1814, ce pays a été l'aigle et le lion de la France.

— Savez-vous, repartis-je, que s'il fallait symboliser

par une peinture, par un dessin, la Champagne, d'après nos conversations, nous arriverions à ce résultat de représenter un mouton avec des griffes de lion et une tête d'aigle ?

— Eh bien, où serait le mal ?

— Il ne manquerait plus alors que des ailes pour avoir fait un hippogriffe, comme dans l'Arioste !

— Alors, soyez vous-même le sorcier Atlant, me dit avec un charmant sourire mon nouvel et vieil ami; et, quand vous vous ennuierez dans le présent, enfourchez cet hippogriffe, qui vous emportera dans le passé, dans l'histoire, dans les régions éthérées et sublimes.

— Je vous le promets, répondis-je solennellement.

Ai-je tenu parole à M. Columbat? Ai-je fait preuve suffisante de repentir à l'égard de la Champagne? Et ne dira-t-on pas, après m'avoir lu, que je suis digne d'appartenir au pays illustré par le proverbe dont il s'est agi ! C'est ce que j'ignore, et c'est là pourtant toute mon ambition !

LE DÉMON DU LAC

I

Le tombeau et le berceau.

Vers le milieu du mois de décembre 1542, le château de Falkland, en Ecosse, était rempli de tumulte. Une partie de la noblesse s'y trouvait réunie, dans l'attente d'un grand malheur et d'une heureuse nouvelle. Le malheur allait s'accomplir dans le château même où le roi Jacques V s'était retiré après la défaite de son armée par les Anglais, à Solway-Moos; l'heureuse nouvelle devait être apportée du château de Linlithgow, où résidait la reine d'Ecosse, Marie de Lorraine, fille de Claude de Lorraine, premier duc de Guise.

L'Ecosse entrait tout à la fois en deuil et en espérance. Un règne finissait, un autre s'annonçait. Pendant que le pauvre Jacques V se débattait entre les fantômes qui entouraient son agonie, la reine, bien dolente de ne pouvoir soutenir le front mouillé de sueur de son époux bien-aimé, attendait, loin de là, le premier vagissement de l'enfant qui devait lui remplacer ses deux fils morts au berceau. Enfin, le 8 décembre, un écuyer partit à toute bride du château de Linlithgow pour la résidence de Falkland, et répandit sur sa route l'heureuse nouvelle de la naissance d'une petite fille qui devait porter le nom de sa mère, Marie.

Ce jour-là même, le roi Jacques était en proie à un ardent délire. On attendit une lueur de raison pour l'informer de l'événement; mais la raison semblait avoir fui pour toujours.

L'Ecosse était un rude pays alors, plein d'ignorance et de brutalité. Les seigneurs y faisaient au besoin le métier d'assassins et de larrons. Le meurtre était la dernière raison de la politique. Jacques V, esprit poétique et délicat, n'était pas fait pour ce pays sauvage et pour cette sauvage époque; il lui avait fallu bientôt renoncer à ses illusions, à ses promenades aventureuses, à sa vie de galanterie. Catholique fervent, d'ailleurs, et justicier implacable, sacrifiant les intérêts de sa dynastie aux principes de sa foi, il avait combattu à outrance le presbytérianisme de son oncle Henri VIII. Mais en vain il avait étouffé ses instincts généreux; en vain il avait fait appel à l'épée, à la hache, au bûcher; abandonné par la cupidité de ses nobles et par l'indifférence de son peuple, deux fois vaincu par Henri VIII, pleurant sur la honte de ses armes et sur l'inutilité de ses rigueurs, dévoré par les remords, la douleur et la fièvre, il n'était plus même en état de recevoir la consolation que lui envoyait la Providence.

Les yeux ardents et enfoncés dans leurs orbites, les cheveux épars, les lèvres contractées, les narines haletantes, les poings crispés sur ses couvertures, Jacques luttait en désespéré contre les effroyables visions qui tourbillonnaient autour de sa chambre.

Quelquefois il lui semblait que toutes les victimes de son intolérance (1), échappées au bûcher, venaient apporter sous son lit les fagots et la flamme de leur supplice, et le malheureux roi, croyant se sentir consumer, criait au feu, voulait s'élancer, fuir, et se plaignait de ce que l'incendie lui calcinait les os. Si les serviteurs et les gentilshommes osaient s'approcher et le retenir dans leurs bras, le moribond s'évanouissait de terreur, prenant ces mains officieuses pour des tenailles sanglantes. Des spectres, auxquels il donnait des noms, venaient tour à tour le saluer et l'appeler. L'un lui avait, disait-il, coupé les bras et les jambes, et promettait de revenir lui couper la tête. Un autre l'attirait sur un lac dont les eaux étaient rougies, et voulait l'y noyer. C'était un spectacle horrible que l'agonie de ce jeune roi, et les yeux les plus insensibles fondaient en larmes à son chevet.

Le 14 décembre, vers le matin, la passion de Jacques V parut toucher à son terme. Après un assoupissement de

---

(1) Voir, pour les détails historiques, et, bien souvent, pour la légende elle-même, l'émouvante histoire de M. Dargaud.

quelques heures, le roi s'éveilla, calme, affaibli mais ayant ressaisi toute sa raison. Il se mit sur son séant, promena autour de la chambre le regard étonné d'un homme qui sort d'un rêve et auquel la réalité échappe encore, fit signe qu'on ouvrît une fenêtre, aspira à pleins poumons le vent d'hiver qui remuait les arbres dépouillés, puis retomba sur son oreiller en murmurant :

— Quel dur sommeil vous m'avez fait, mon Dieu! Quel triste réveil vous m'aviez préparé!

On s'empressa autour du lit royal, et reconnaissant bien, au triste sourire par lequel il saluait les courtisans de la mort, que son esprit était plus calme, un laird d'Ecosse s'agenouilla, prit la main moite que le roi lui tendit, la porta à ses lèvres et annonça à Jacques V la naissance de la petite Marie, sa fille.

Une rosée divine éteignit pour un instant le brasier qui consumait Jacques. Il ferma les yeux sous une caresse ineffable. Son pauvre cœur, si gonflé, si meurtri, déborda dans un soupir de joie et de triomphe; l'enfer disparut, le ciel s'ouvrit, le roi fit place au père, et ce mot : une fille! refoula dans la nuit les spectres éplorés qui avaient fait une garde vigilante autour du chevet royal. Une fille! murmura le malade, et une larme vint rouler entre ses cils; puis il tomba dans une douce rêverie, et on voyait, aux plis de ses lèvres, que son âme franchissait l'espace, s'envolait à Linlithgow, et flottait heureuse, réconciliée, au-dessus du berceau de son enfant. Pauvre roi! pauvre père! Il souriait à ce frêle rejeton né au pied des échafauds; la tombe restée ouverte de ses deux fils se refermait; l'horizon si triste, si désenchanté, si assombri, s'illuminait, et, de loin, à travers les brumes, il voyait une blonde figure d'enfant qui lui souriait. Tout ce poëme inénarrable des joies, des caresses, des mutineries, des gentillesses de l'enfance, lui apparut comme dans un éclair. Une bouffée de vie et d'espérance lui entra au cœur, tandis que l'air vif entrait par la fenêtre restée ouverte.

Hélas ! la trêve fut courte, le mirage disparut bien vite; la conscience de sa mort prochaine revint au roi, avec la sueur qu'il sentit monter à son front. Le frisson le saisit; on referma la fenêtre, on ranima le foyer; mais le vent du tombeau ne cessa plus d'agiter ce spectre royal.

— Une fille, murmura Jacques ; pauvre enfant qui va porter le deuil de son père et le deuil de l'Ecosse!

Et cette pensée rappelant tous les fantômes, le roi leva les mains à ses yeux, comme pour les fermer devant d'effroyables tableaux : — « Ceux, dit-il, qui n'ont pas
» respecté le chardon royal et qui ont flétri la couronne
» d'Ecosse, ceux qui ont profané cette couronne sur mon
» front, l'arracheront du sien. Par fille elle est venue,
» et par fille elle s'en ira. »

Après avoir prononcé ces paroles prophétiques, le moribond épuisé se retourna dans son lit, et poussant un grand cri, expira.

Les gentilshommes s'approchèrent alors l'un après l'autre du lit funèbre, donnèrent un dernier adieu à la majesté morte, puis descendirent silencieux dans la cour du château, montèrent sur leurs chevaux, et partirent pour le château de Linlithgow. Ils allaient saluer leur reine de six jours, Marie Stuart.

La prophétie du roi semblait précéder ce sombre cortége, et, malgré leur rudesse, ces lords comprenaient que la tombe ouverte était trop large pour une seule victime, et que l'Ecosse allait entrer dans un long et sanglant veuvage.

II

Le Kelpy ou démon du lac.

Six années se sont écoulées. La jeune Marie s'épanouit comme une fleur sauvage sur les bords du lac de Monteith. Elevée au monastère d'Inch-Mahome, la reine enfant ne connaît encore de la vie que les rochers abruptes, les bruyères sauvages, les rives verdoyantes qui voient ses promenades et ses jeux.

Folle et rieuse, elle est levée avant le jour; elle ne sait d'autres passe-temps que des courses vagabondes à travers les sentiers pierreux qui mettent en lambeaux son plaid de satin noir, attaché par une agrafe d'or aux armes de Lorraine et d'Ecosse. L'âme qui s'éveille dans ce cœur joyeux ne veut d'autres émotions que les légendes, les ballades, la musique et la danse.

C'est le sylphe des grèves, et les pêcheurs sourient avec béatitude quand ils la voient courir, ou plutôt fuir à travers les hautes herbes. C'est le lutin heureux de la contrée. Sa figure rose et blanche, son regard si brillant, si limpide, qui s'exerce à la fascination, dont il abusera plus tard ; ses cheveux dont les anneaux flottent librement sur son cou délié, sa voix charmante, qui passe tour à tour du commandement à la câlinerie, tout en elle charme, séduit, attendrit.

Les montagnards laissent la porte de leur cabane entr'ouverte quand la saison est belle; car ils savent que la fille de Jacques V paraît souvent sur le seuil dans un rayon de soleil, et vient leur demander un morceau de leur pain noir et des chansons. Quelquefois, on entend sur le lac une barque pleine de rires et de paroles rapides; c'est que la jeune reine se promène avec ses compagnes. Marie a toute une petite cour d'enfants de son âge et de son nom. La reine-mère, ayant une vénération profonde pour la Vierge, a voulu que toutes celles qui approcheraient sa fille eussent les mêmes raisons d'intercéder auprès de la Mère de Dieu. En conséquence, toutes s'appellent Marie, et cette cour en miniature est vouée au même culte.

Souvent donc, toutes ces petites Maries sautent dans une barque avec leur reine enfantine, et se font conduire sur le lac de Monteith ; et les eaux vertes et profondes servent de miroir à toutes ces figures coquettes, qui cherchent sous les rames les naïades et les sirènes des ballades.

Un jour la jeune reine apprit qu'elle allait partir pour la France. Sur son front si doux et si pur Dieu devait poser une double couronne, et on lui promettait, à Saint-Germain en Laye, un petit mari de son âge, le dauphin

François. Bien que l'idée de voyager, de changer de climat, de quitter ce monastère, qui avait été pour elle un sombre berceau, fît battre le cœur de Marie, elle n'en regrettait pas moins son beau lac, ses vertes bruyères, ses tristes campagnes, qu'elle avait animées de sa gaieté.

Elle allait voir le pays de sa mère, ses oncles de Guise, qui lui envoyaient de si beaux présents et de si douces paroles ; elle allait, habillée de riches atours, prendre rang à la cour de Saint-Germain ; mais il lui fallait renoncer à sa liberté. La petite paysanne allait devenir une vraie reine, c'est-à-dire qu'elle ne pourrait plus sortir, courir à l'aise ; et ce compagnon de jeux qu'on lui promettait, le dauphin François, l'effrayait par la pensée qu'il deviendrait un jour son mari, c'est-à-dire son maître. Aussi Marie voulut-elle faire une dernière promenade d'adieu sur son beau lac, et les quatre compagnes ordinaires de sa vie, Marie Fleming, Marie Seaton, Marie Livington, Marie Breatoun, la conduisirent vers la barque qui l'attendait.

Ce jour-là, le ciel était gros et plein de larmes, comme le cœur de la petite reine. L'Ecosse semblait s'attrister ; le lac s'agitait, comme pour parler et murmurer une plainte ; les pêcheurs, accourus sur la rive pour assister à la dernière promenade de leur fée, regardaient silencieusement les cinq Maries s'installer dans la barque, et ne songeaient pas à pousser les hurras accoutumés. La petite reine, sur la tristesse de laquelle toute cette tristesse extérieure venait peser, essaya de rire, excita ses compagnes, et, ne pouvant parvenir à les distraire, entama une ballade ; mais sa voix était moins pure, moins nette que d'ordinaire ; elle n'osa continuer, et s'interrompit au premier refrain ; puis, comme Marie Fleming était près d'elle et semblait la plus désolée, elle lui jeta les deux bras autour du cou, l'embrassa et lui dit :

— Allons, mignonne, n'essaye pas de me faire pleurer, et pensons au beau pays que nous allons voir !

— Hélas ! répondit Marie Fleming, est-il de beaux pays sans lacs?

— Pauvre lac ! interrompit la petite reine, je voudrais l'emporter avec moi ?... Et, se penchant en dehors de la barque, elle plongea sa petite main rose dans l'eau verte, l'emplit, et la porta vivement à ses lèvres, d'où ruisselèrent des gouttes.

— Prenez garde, ma reine, dit une des petites Maries, ne vous penchez pas tant, le Kelpy vous prendrait?

— Le Kelpy, répliqua Marie Stuart, est un bon démon qui m'a toujours souri et qui m'aime ; il ne voudrait pas me nuire.

— S'il vous aime, raison de plus pour vous garder !

— Mes amies, dit la jeune reine, en se dressant sur ses petits pieds, disons adieu au démon du lac, à ce vieux compagnon qui ne peut pas nous suivre, et auquel personne ne viendra plus chanter nos chansons.

Alors Marie Stuart se tint debout dans la barque, que les vagues tumultueuses commençaient à agiter, et la jeune enchanteresse parla ainsi :

« Vieux Kelpy, toi qui es noir comme la nuit, et qui as de longs bras toujours remplis d'herbes, démon du lac de Monteith, dont les pieds de cheval galopent sur les flots, dont la tête humaine se montre aux noyés, et dont les mains froides s'attachent aux barques condamnées; démon qui m'as toujours caressée, je te dis adieu, et je te donne, comme souvenir de ta bien-aimée Marie, cette agrafe aux armes d'Ecosse et de Lorraine, qui a touché mon cœur et qui va toucher le tien! »

Et arrachant vivement de son plaid l'agrafe qui le retenait, Marie la jeta dans les flots; puis elle s'agenouilla, chercha à plonger du regard dans les profondeurs de l'eau, comme pour y voir le Kelpy! Toutes ses compagnes l'imitèrent, et les cinq Maries s'inclinèrent et se penchèrent tellement, que les vagues, soulevées par le vent, montaient jusqu'à leurs fronts et semblaient les baiser.

Tout à coup, soit que les bateliers épouvantés de ce jeu imprudent et désespérés de ne pouvoir le faire cesser par leurs remontrances, eussent voulu forcer ces jeunes étourdies à l'interrompre, soit que la tempête s'élevât alors, soit enfin, comme les ballades l'assurent, que le Kelpy, le démon du lac, eût voulu rendre à Marie une prophétie en échange de son adieu, un grand tumulte se fit aux flancs de la barque, une trombe d'eau jaillit et inonda les promeneuses; Marie Stuart poussa un grand cri, et se rejeta pâle et à demi morte d'effroi sur son banc, en murmurant qu'elle avait vu le démon du lac, que le Centaure humide l'avait saisie de ses deux bras et avait voulu l'attirer à lui.

Les jeunes compagnes de la reine cherchaient à la rassurer, sans se sentir elles-mêmes prémunies contre la terrible vision. Elles n'osaient regarder le lac, de peur de se heurter aux deux grands yeux glauques du monstre, ces yeux qui portent infailliblement malheur et qui annoncent la mort à celui qui les rencontre.

Quant à Marie Stuart, elle tremblait, passait, en frémissant, sa main autour de sa ceinture, comme pour effacer l'empreinte qu'elle disait avoir sentie. Elle avait vu bien distinctement le démon se cramponner à la barque, la secouer ; et elle affirmait qu'au moment où elle avait poussé un grand cri, en se recommandant à la Vierge, sa patronne, le monstre, qui avait grand'peur de la Mère de Dieu, s'était plongé dans le lac, en lui envoyant un coup d'œil épouvantable.

La barque aborda bientôt au seuil du monastère. Les jeunes filles n'osèrent raconter l'incident de leur promenade. Quant à la petite Marie, son cœur s'était resserré plus étroitement encore. Le pressentiment acheva d'assombrir ce voyage de France, dont on essayait vainement de l'éblouir. On la coucha avec la fièvre, et pendant toute la nuit, qui fut remplie par une tempête horrible, elle crut distinguer dans le sifflement du vent, dans le mugissement du lac, les plaintes du Kelpy qui l'appelait, et qui réclamait sa jeune et royale fiancée.

Sa nourrice, que cette agitation rendait inquiète, resta près de son lit et l'entendit plusieurs fois murmurer :
— Mon bon Dieu, qui m'avez destiné pour mari le gentil dauphin François, ne permettez pas que je reste ici la femme du démon de Monteith !

Vers le matin, le sommeil calma ces terreurs; mais le départ pour la France devait avoir lieu le jour même, et, quand l'heure sonna, Marie se laissa conduire en tremblant, et ferma les yeux tant qu'elle fut en vue du lac.

III

Les deux traversées.

On s'embarqua à Dumbarton ; mais à peine la flotte qui servait de cortége à la reine d'Écosse fut-elle éloignée des côtes, que le vent souffla avec violence, et que les navires, secoués sur les vagues, craquèrent et menacèrent de se briser.

La petite reine pensa plus que jamais alors à la sinistre vision. Evidemment le démon du lac la poursuivait, et les flots devaient lui être funestes. Joignant les mains et priant avec ferveur, la fille de Jacques V supplia le mauvais génie de Monteith d'épargner ses compagnons et de ne frapper que sur elle. Cette prière, qui partait d'un cœur pur, monta au ciel à travers les nuées amoncelées. Un vent rapide poussa la flotte vers les rives de France, et, le lundi 20 août 1548, le vaisseau qui portait Marie Stuart aborda, ou plutôt vint échouer à la pointe de la baie de Morlaix, dans un repaire de contrebandiers et de corsaires, au port de Roscoff.

Ce n'était pas assez de présages. L'influence du Kelpy semblait poursuivre Marie jusque dans le pays où elle devait régner. Comme elle sortait en grande pompe de l'église Notre-Dame de Morlaix, où le *Te Deum* avait été chanté ; et comme elle franchissait la porte de la ville appelée *porte de la Prison*, le pont-levis creva et tomba dans la rivière. Les Ecossais crièrent à la trahison. Mais ainsi que dit le chroniqueur, « le seigneur de Rohan,
» qui marchait à pied près de la litière de Sa Majesté,
» leur cria à pleine teste : — Jamais Breton ne fist tra-
» hison ! Et les deux jours que la royne demoura pour se
» deslasser de la fatigue de la mer, il fit desgonder toutes
» les portes de la ville et rompre les chaînes des ponts. »

Marie Stuart oublia bientôt à Saint-Germain en Laye les adieux du démon de Monteith et les augures de son voyage. Elle passa là quelques années heureuses, dans un tourbillon continuel de chasses, de fêtes, de danses, de concerts. Ardente comme elle l'était déjà au monastère d'Inch-Mahome, la petite reine se livrait au plaisir avec un entraînement inouï. Toute cette cour étincelante des Valois, dont Catherine de Médicis était l'ombre, enivrait Marie et rayonnait de sa jeunesse, de sa beauté précoce, de son esprit.

Ronsard, Joachim du Bellay, Amadis Jamyn, tous les poëtes ravageaient pour elle le Parnasse et lui faisaient une litière de roses et de lis, qu'elle foulait en riant. L'Ecosse, froide et brumeuse, était bien oubliée parfois ; et quand, du haut de la terrasse de Saint-Germain, elle regardait la Seine dérouler son écharpe, ou bien quand elle parcourait, dans une barque dorée et pavoisée, l'étang de Fontainebleau, la fille de Jacques V ne songeait guère au lugubre Kelpy. Les Naïades de France faisaient étinceler tant de perles dans leurs ébats joyeux, qu'on ne pouvait se rappeler, en présence de ces flots charmants, les eaux profondes de Monteith. C'était toujours une divinité jeune et belle, assise dans une conque nacrée, que l'on cherchait sous les nappes argentées des rivières, et non plus le Centaure hideux qui avait reçu l'agrafe d'or de Marie.

Hélas ! on oublie le Centaure, mais le Centaure n'oublie pas. La fille de Jacques V avait été bénie par son père dans une agonie sanglante ; des bûchers avaient éclairé son berceau ; le bonheur ne pouvait être pour elle qu'un intermède ironique entre deux drames. A peine avait-elle dix-neuf ans, à peine était-elle enivrée de tous les parfums qu'on répandait sur ses pas, que la mort lui prit son époux bien-aimé, François II, et qu'un cortége illustre et brillant, mais plein de deuil et de tristesse, s'acheminait vers la mer, pour reconduire à ses vaisseaux Marie Stuart désolée, qui exhalait sa plainte en tendres prières et en vers harmonieux.

Le 15 août 1561, deux galères et deux vaisseaux de transport quittaient Calais. Sur l'un de ces navires, Marie Stuart, tristement accoudée, regardait les côtes de France s'amoindrir et blanchir à l'horizon. L'histoire a conservé le costume de la reine en cette circonstance : elle avait la robe de velours blanc qui servait pour le grand deuil des reines de France ; une guimpe découpée à pointes de dentelle enveloppait son cou ; son voile empesé se recourbait au-dessus de chaque épaule ; les manches de toile d'argent étaient étroites en bas, bouffantes en haut; sa chevelure, lisse sur la tête, était crêpée au-dessus des tempes et se rattachait par derrière avec des nœuds de ruban ; un bonnet léger lui descendait en cœur sur le front et couvrait, sans les cacher, trois rangs de perles de la plus belle eau ; un collier d'autres perles, qu'elle préférait à tous ses joyaux, ruisselait de son cou (1).

Pauvre Marie ! A mesure qu'elle voyait s'éloigner le rivage, d'inexprimables angoisses s'éveillaient dans son âme ; elle laissait en France un tombeau dans lequel dormaient, avec son jeune époux, tous ses rêves, toutes ses illusions, et elle allait trouver en Ecosse des bûchers à peine éteints, des gibets encore sanglants ; elle quittait une cour charmante, des cœurs embrasés de son souvenir ; elle allait se heurter à des sujets sombres et défiants, à une noblesse hautaine et jalouse. On l'aimait en France. Hélas ! on ne la connaissait plus en Ecosse, peut-être bien allait-on l'y haïr !

Les traversées étaient funestes à Marie. Depuis le jour où le démon du lac de Monteith lui était apparu, elle n'avait pu poser le pied sur un navire sans que quelque malheur survînt. Le Kelpy ne manqua pas cette occasion. Comme on était à quelque distance de terre, deux barques, qui amenaient aux vaisseaux les gens de l'es-

---

(1) *Histoire de Marie Stuart*, par M. Dargaud.

corte de Marie, chavirèrent; six hommes disparurent dans les flots, l'écume jaillit jusqu'au front de la reine; elle appela à l'aide, mais ce fut vainement; la mer ne rendit pas l'holocauste, et, après des efforts inutiles, on vint annoncer à Marie Stuart que l'équipage avait perdu six hommes.

La royale veuve laissa tomber deux grosses larmes de ses beaux yeux, et comme ses dames d'honneur l'entouraient et essayaient de la consoler, elle dit à Marie Fleming sa favorite :

— Ma foi me défend de croire aux sortiléges, mon cœur me reproche des folles terreurs; mais, en dépit de mon cœur et de ma foi, j'ai vu le démon du lac enrouler ses bras autour de ces barques et les attirer au fond de l'eau.

— Ma reine, dit Marie, chassez ces illusions; il n'y a pas de démon de Monteith, il n'y a que la colère de l'Océan et la miséricorde de Dieu qui permettent la mort.

— Oh! je crois en Dieu, répliqua Marie avec exaltation, mais je ne puis chasser cette autre croyance de ma jeunesse.

Et quittant sa compagne fidèle, la jeune reine alla, dans une partie retirée du navire, méditer et pleurer à son aise. On l'entendait parfois jeter des adieux mélancoliques à la France; elle lui envoyait, sur l'aile des vents, ses plus ardentes caresses, puis elle gémissait sur les morts que son vaisseau entraînait dans le sillage; et quand l'idée du démon du lac revenait à son esprit, elle évoquait tous les souvenirs de son enfance et comparait la triste reine qui retournait veuve en Écosse à la petite fille qui était allée chercher en France des joies fugitives, avec des regrets éternels.

La reine croyait du moins à l'éternité de sa douleur ; mais Marie Stuart était de ces natures altérées qui absorbent les larmes comme le sable brûlant du désert absorbe la rosée, et qui n'ont jamais fini avec les tentations de la terre et les enivrements du cœur ; elle était sincère dans son désespoir. Lors de cette traversée, en présence de ce rivage bien-aimé qu'elle quittait pour toujours, après cette scène de deuil qui l'avait profondément remuée, elle croyait de bonne foi à l'impossibilité de retrouver son sourire de reine et sa gaieté d'enfant ; mais elle devait passer bien des fois encore par ces violentes alternatives de joies insensées, de désespoirs terribles.

Donc la traversée fut triste ; Marie pleura beaucoup. Elle avait dit au timonier de l'éveiller au point du jour, si l'on apercevait toujours les côtes de France. Le vieux marin n'oublia pas cet ordre, et Marie salua une dernière fois, aux lueurs du matin, les rivages de sa patrie adoptive ; puis tout disparut, l'horizon devint infini, et la reine se trouva seule avec ses regrets, entre le ciel et la mer. On arriva un dimanche matin ; mais un brouillard épais empêcha le débarquement, et ce ne fut que le lendemain, 19 août 1561, que Marie Stuart posa le pied sur la terre d'Écosse.

IV

Le lac de Loch-Leven.

Des années se sont passées. La jeune fille insoucieuse du monastère d'Inch-Mahome est devenue une femme énergique et violente. La passion a remplacé sur son front et dans ses yeux les flammes limpides de sa première innocence. La fée du lac de Monteith a perdu son auréole. On l'aime encore, on l'aimera toujours, mais d'un amour fatal, plein de frénésie et de remords, d'un amour qui flétrit et qui tue; on l'aime, parce qu'elle est belle, que son regard est irrésistible, que sa bouche sait des paroles magiques; mais on n'a plus pour elle cette vénération suprême, ce culte religieux qui la faisait adorer des montagnards et des pêcheurs. C'est que Marie Stuart n'est plus seulement la veuve de François II, c'est qu'elle est aussi la veuve de Darnley, immolé pour elle et par elle; c'est que le sang de Riccio, le chanteur italien, poignardé dans sa chambre, a rejailli sur sa robe; c'est que Chastelard est mort sur un échafaud pour l'avoir aimée et s'être cru aimé d'elle; c'est qu'après tant de sang répandu, elle s'est librement donnée à Bothwel le pirate, à Bothwel son troisième mari, assassin de son second mari Darnley; c'est que la fille de Jacques V n'a pas seulement été impitoyable comme son père pour l'hérésie, c'est qu'elle a mérité d'être maudite et méprisée de John Knox, l'invincible apôtre du presbytérianisme, le seul homme qu'elle ait vainement voulu séduire et fasciner; c'est que James Murray, son frère, qu'elle a comblé d'honneurs et de biens, trouve sa gloire et sa vertu dans l'ingratitude; c'est que le malheur et la honte suivent partout cette reine infortunée, pleine de génie, resplendissante de beauté; c'est qu'à force de caprices étranges, de désordres et de crimes, elle serait devenue odieuse à l'histoire, si Dieu n'avait voulu qu'elle commençât sur la terre son expiation. Épouse oublieuse, elle sera mère oubliée; reine imprudente, elle sera délaissée et trahie; puis enfin elle rachètera par son immolation tout le sang précieux qu'elle a fait verser.

A l'heure où nous la retrouvons, Marie Stuart, vaincue mais infatigable, s'échappe du château de Loch-Leven, où sa noblesse révoltée l'a renfermée, pour recommencer sa vie de lutte, de guerre, de violence et de passion.

C'était le 2 mai 1568; la reine attendait impatiemment, depuis plusieurs jours, le signal de délivrance que lui avaient fait annoncer Georges Douglas et John Beatoun, deux de ses fidèles et derniers amis.

Georges, parent du laird de Loch-Leven, n'avait pu

voir Marie sans subir, comme tout le monde, sa fascination. Chargé de la garder, il avait voulu favoriser son évasion ; mais découvert et contraint de fuir, il avait rassemblé au dehors quelques partisans de la reine, et laissé à un de ses plus jeunes parents, enfant de seize ans, surnommé le *Petit Douglas*, le soin d'ouvrir les portes de la prison à cette séduisante et fatale beauté.

Le petit Douglas s'était acquitté avec d'autant plus d'ardeur de la mission qu'il avait reçue, que lui aussi s'était senti ému d'une tendre pitié pour l'enchanteresse. Or, le 2 mai, après le souper, comme Marie s'était retirée dans sa chambre, on frappa à la porte. Le petit Douglas parut, et, posant un genou en terre, annonça à la reine qu'elle allait être libre et qu'il avait dérobé les clefs du château.

— Libre ! murmura la reine ; soyez béni, vous qui avez pris en pitié celle que son peuple abandonne !

— Madame, le temps presse... interrompit Douglas, que les témoignages de cette reconnaissance embarrassaient.

— Je suis prête, répondit Marie Stuart en se levant, et quelques instants après, posant son bras sur le bras tremblant de son jeune libérateur, elle franchissait, sous un déguisement, les portes du château. Une barque était amarrée au rivage. Le lac de Loch-Leven, sombre et silencieux, balançait l'esquif. La lune, complice de la fuite, s'était voilée. C'était une admirable nuit pour une évasion.

Avant de mettre le pied sur la barque, la fée d'Inch-

Mahome se souvint du lac de Monteith, de ses promenades d'enfant, peut-être aussi du Kelpy, et retenant le petit Douglas, qui s'apprêtait au départ.

— Hélas! dit-elle, toutes les fois que je me suis embarquée, ce fut pour un malheur, et les eaux que j'ai parcourues ont toutes reçu mes larmes.

— Les eaux de Loch-Leven recevront mon sang plutôt que vos pleurs, reprit avec énergie le petit Douglas. Si je ne parviens à vous rendre libre, je me tuerai.

— Taisez-vous, enfant, et priez Dieu!

Alors, se retournant vers les sombres murailles qui avaient été confidentes de ses douleurs, la reine d'Écosse adressa une ardente prière au Ciel. Chose étrange! plus son cœur se calcinait au feu des passions humaines, plus il s'ouvrait aussi aux effusions divines. La fille du catholique Jacques V éprouvait au fond de toutes ses voluptés une soif inextinguible qui ne se satisfaisait réellement que par la prière.

Quand elle eut fini, Marie sauta dans la barque, et celle-ci, emportée par les rames, vola sur le lac comme un alcyon.

A quelques brasses de la rive, la reine regarda le fanal qu'elle avait laissé sur sa fenêtre pour avertir, du moment précis de sa fuite, ses amis cachés dans les environs. Le petit Douglas distingua un soupir.

— Que regrettez-vous? madame, demanda timidement l'enfant.

— Je ne regrette rien : j'ai peur, dit Marie Stuart.

Cette lumière rouge est une triste étoile; on dirait une lueur sanglante.

— C'est la liberté qui rayonne, ô ma reine!

— Oui, la liberté de combattre, la liberté de punir des rebelles! Du sang! toujours du sang! Douglas, Douglas! je n'étais pas faite pour cette vie terrible.

Douglas abandonna les rames, et voyant Marie Stuart rêveuse, se prit à la contempler tristement.

Il semblait que cette heure était toute de méditation. Loch-Leven était oublié, les dangers avaient fui; on eût dit une promenade paisible et douce. Marie regardait les flots, Douglas regardait Marie, et le silence n'était interrompu que par le glissement de l'eau sur les flancs de la barque.

Dans cette nuit paisible, la reine fugitive dégonflait son cœur et aspirait les parfums de sa vie passée dans les parfums du printemps. Elle songeait au beau séjour de France, à son triste retour, à ses fautes, à ses crimes, et ses remords s'épurant dans cette sérénité immense, elle sentait son âme se dégager peu à peu de ses angoisses.

— Douglas, dit-elle enfin, comme si elle résumait sa méditation, n'aimez jamais! conservez votre cœur pur, comme l'éclair de vos regards. C'est le seul conseil que je puisse vous donner en retour de la liberté.

— Il est trop tard, madame, répondit Douglas avec une voix tremblante, et en se mettant à ses genoux; je vous ai vue pleurer, et quand j'ai juré de vous sauver, j'ai juré de vous aimer jusqu'à la mort.

— Vous aussi, pauvre enfant!

Il y eut un long silence que nul n'osait rompre. La lune, jusque-là voilée par les nuages, se montra tout à coup et son pâle rayon enveloppa la barque. Le petit Douglas aperçut alors au fil de l'eau un lis qui penchait sa tête, touchant emblème pour une reine de France! Il sortit à moitié de l'esquif, à l'aide de la rame atteignit la fleur et l'offrit à Marie Stuart. Une perle brillait sur le bord du calice; c'était une goutte d'eau, ou une goutte de larmes.

— Madame, dit Douglas, vous avez fait fleurir le lac, et le démon de Loch-Leven s'est paré pour vous voir passer.

— Quoi! ce lac aussi a ses démons?

— Sans doute, et les ballades rapportent...

— Oh! ne me parlez pas de ballades, Douglas, je les ai trop aimées et trop chantées. Le démon de Loch-Leven ne vaut pas mieux que celui de Monteith, et il ne rendrait pas à la triste reine des augures meilleurs que ceux que le Kelpy a rendus à l'enfant.

Et Marie Stuart souriant avec amertume, raillant doucement la superstition dont elle n'osait pourtant se déclarer affranchie, raconta sa promenade sur le lac de Monteith, ses fiançailles avec le démon, et les tristes voyages qu'elle avait faits depuis sur les eaux.

Quand elle eut fini, Douglas s'écria : — Je sais, moi, une offrande agréable au Kelpy de Loch-Leven, et tirant de son sein les clefs du château qu'il avait emportées dans sa fuite, il les jeta dans le lac.

A peine l'eau était-elle refermée, qu'un coup de feu

retentit. On s'était aperçu de l'évasion de la reine, et on tirait sur l'esquif !

Douglas pâlit, Marie Stuart poussa un cri et la barque reprit sa course, ou plutôt son vol, vers la rive opposée. Le trajet se fit en silence. Mais, en touchant le rivage, la reine dit à son guide :

— Vous le voyez, Douglas, les lacs d'Écosse ne veulent pas de moi ; la mort m'y poursuit.

A quelque distance du bord, le petit Douglas cueillit un chardon, et l'offrant à la reine, qui portait déjà un lis : — Reine de France et d'Écosse, lui dit-il, faisant allusion à ces deux emblêmes, vos sujets vous attendent !

Puis il souffla dans un cor suspendu à sa ceinture. Georges Douglas, John Beatoun, Claude Hamilton, qui attendaient cachés dans les herbes, accoururent saluer la fugitive.

Marie se vit bientôt entourée d'une noblesse fidèle et dévouée. L'espoir rentra dans son âme ; elle se crut maîtresse enfin du sort et s'écria, en embrassant ses amis :

— Je suis sauvée !

Hélas ! elle était perdue. Sa promenade sur le lac de Loch-Leven ne fit que précéder de peu de temps une longue et cruelle captivité ; et le 8 février 1587, la fille de Jacques V, la veuve de François II, la reine de France et d'Écosse, après dix-huit années de tortures et de prison, réalisant la prophétie paternelle, posa sa tête, toujours jeune et belle, sur le billot d'Élisabeth.

Le bourreau trembla quand il fallut frapper, et s'y prit à deux fois. L'âme de Marie s'échappa réconciliée avec Dieu par le repentir et la prière. Tous nos lecteurs connaissent les détails de cette horrible et sublime agonie.

Peut-être qu'avant de monter sur l'échafaud de Fotheringay, dans les heures douloureuses qu'elle consacra à repasser et à offrir à Dieu sa vie, Marie Stuart se souvint des superstitions de son enfance et des prédictions sinistres du démon du lac.

Quoi qu'il en soit, le génie des eaux s'est emparé de son souvenir et porte son deuil. Sur les bords du Men, qui coule au pied de Fotheringay, on cueille de petites fleurs rouges qui sont nées, dit la légende, des gouttes du sang de l'infortunée Marie.

LE PETIT HOMME ROUGE

I

Au mois d'octobre de l'année 1773, toute la cour était à Versailles, lorsqu'un matin trois jeunes dames qui avaient fait le projet, sans doute, de respirer les derniers parfums de l'automne, avant que personne fût descendu, s'avançaient dans le parc, se tenant toutes les trois par la main, causant de mille choses, s'interrompant parfois pour jeter au visage de marbre de quelque vieux Faune étonné, des éclats de rire et des phrases de chansons, puis reprenant leur route au hasard, sans laisser paraître d'autre but que d'aspirer le plus d'air de liberté possible, et que de fouler avec leurs petits pieds humides de rosée les feuilles qui commençaient à tomber.

Toutes trois étaient belles de cette première beauté de la jeunesse qui tient autant à la pureté de l'âme qu'à la pureté des lignes du visage, et ces trois fronts limpides, qui s'éclairaient d'une clarté intérieure et sereine, animaient comme d'une poétique vision les allées désertes et silencieuses. N'eût été le mantelet que chacune d'elles ramenait de temps en temps sur ses épaules quand la brise s'élevait un peu, et n'eût été le nuage de poudre qui restait de la toilette de la veille, à leurs cheveux roulés en anneaux, on eût pu, par ce temps de galanterie, et au milieu de ce jardin mythologique, les comparer à trois nymphes sorties du tronc des arbres et cherchant dans ces avenues quelque Sylvain à tourmenter, quelque berger insensible à désespérer. Mais les trois divinités matinales (pour continuer ma galante métaphore), semblaient avoir oublié ce jour-là quelles flèches victorieuses trempaient dans leurs beaux yeux, et paraissaient être venues dans le parc, tout vulgairement, tout humainement pour y jaser à leur aise, en écoutant jaser les oiseaux.

C'était avec l'entrain le plus sincère que ces trois déités de la cour de Louis XV oubliaient l'Olympe, mortellement ennuyeux alors, dont elles étaient l'ornement. Aux éclats de leur voix, à leurs libres mouvements, on les eût dites envolées de ces tristes volières qu'on appelle des couvents, et ayant à cœur de racheter tout le temps de gaieté perdu.

L'une d'entre elles surtout, dont le simple peignoir de taffetas gris attaché de rubans de velours noir, contrastait avec les grandes robes brochées et émaillées de fleurs de ses deux compagnes, semblait jouir avidement des quelques heures d'indépendance qu'elle dérobait à l'étiquette. De temps en temps elle regardait de côté les portes du palais avec une petite moue rancunière qui dispensait de commentaires. Tout à coup elle s'arrêta, et levant brusquement ses jolies épaules comme pour secouer les souvenirs pesants qui les froissaient :

— Mesdames, s'écria-t-elle, ne vous semble-t-il pas que cette vie soit un supplice? Pour moi j'échangerais volontiers la destinée qui m'attend et que vous m'enviez peut-être, pour me retrouver simple jeune fille jouant et courant dans les petits chemins verts de mon pays.

— Hélas! répondit une autre, que parlez-vous de votre pays, ma chère!... Si vous connaissiez la Savoie!

— Oh! oui la Savoie! ajouta la troisième avec un gros soupir.

— Voulez-vous bien vous taire, avec vos airs de marmotte, reprit en souriant la jeune dame aux rubans noirs, il semble que vous ayez les lèvres pleines de neige, et vous me faites grelotter rien qu'en parlant!

— Ma sœur, vous n'avez pas vu nos montagnes?

— Mes sœurs, qui de vous deux a vu Vienne? Tenez, le plus beau pays du monde, c'est la patrie! Et la patrie, c'est où l'on aime et où l'on est aimé?

— Alors vous êtes Française, Autrichienne entêtée?

— Française? — non, pas tout à fait, pas autant que je voudrais l'être?.....

Et elle s'arrêta pour essuyer une larme qui brillait entre ses longs cils. Un mot jeté au hasard venait d'éveiller des pensées pénibles. On marcha quelques instants dans les charmilles, sans se parler, sans se regarder même, chacune se laissant aller à sa rêverie. Enfin celle qui s'était interrompue continua :

— Pourtant, si Louis l'avait voulu !

— Espérez, mon amie, espérez !

— Hélas ! je n'espère plus, je regrette.

— Eh bien ! méchante, essayez au moins de regretter patiemment !

— C'est cela ! attendre ! toujours attendre ! Et qui sait si cette froideur d'un époux, que j'aime, moi, ne durera pas toujours ? Croyez-vous qu'en devenant moins jeune, on devienne plus épris ? Vous ne comprenez pas cela, vous êtes heureuses, vous êtes aimées ! mais moi, depuis que je suis en France, j'ai fait bien des réflexions, et j'ai plus d'expérience que vous, Mesdames : quand on souffre on peut être bien vieille à dix-sept ans !

En disant cela, elle passait la plus jolie main du monde sur ses tempes rosées et transparentes, comme pour y chercher des rides et pour y constater des souffrances ! Un sourire d'incrédulité fut le commentaire muet des deux amies ; quant à la jeune délaissée, elle parut retombée pour quelques instants dans sa méditation.

Cependant, la promenade que nulle n'avait encore eu l'idée d'abréger, tant il leur paraissait doux d'errer ainsi seules et à leur aise, même en devisant, ou plutôt, surtout en devisant de leurs petits chagrins, la promenade s'était prolongée ; et l'on était déjà bien avant dans le parc, quand, au détour d'une avenue, les trois jeunes femmes entendirent du bruit. Elles s'arrêtent aussitôt, levant leurs jolies têtes surprises, puis se tiennent immobiles, écoutant avec de grandes palpitations, et aspirant l'air à la façon charmante de trois biches effarées.

— Si l'on nous voyait! dit l'une à voix basse.

— Si l'on nous reconnaissait! reprend une autre.

— Si le roi le savait! ajoute la troisième; et toutes de se retourner, de s'avancer, de se hausser sur la pointe des pieds pour reconnaître l'ennemi, et pour le prévenir.

— Chut! dit enfin la plus hardie des trois qui venait d'aller explorer un bosquet suspect, c'est là!

Elles se concertèrent alors à voix basse; et marchant ensuite avec les plus grandes précautions, attendant pour faire un pas que le bruit causé par le frôlement du pas précédent sur les feuilles se fût apaisé, elles parvinrent, en écartant les charmilles, jusqu'à l'endroit d'où sortait cette mystérieuse rumeur; puis en montant sur un banc qui se trouvait là, et en dérangeant quelques branches avec la curiosité pleine de réticences de trois jeunes femmes, partagées entre le désir de savoir et la crainte d'en trop apprendre, elles s'excitèrent mutuellement à regarder. Une première mit fin aux irrésolutions et tendit le cou; une seconde enhardie s'appuya sur l'épaule de sa compagne pour l'imiter; la troisième alors ne voulant pas paraître avoir plus de scrupules que ses deux amies, glissa sa tête inquiète entre les deux têtes curieuses qui l'avaient précédée; et toutes trois s'enlaçant de leurs bras pour se soutenir, se penchèrent par un même mouvement, et purent voir alors tout à leur aise.

Quatre jeunes filles, assises au milieu du bosquet, et

ayant chacune un cahier ouvert à la main, prêtaient une attention quelque peu mutine aux conseils mélangés de reproches d'un beau jeune homme qui se tenait debout devant elles. Il grondait et elles discutaient; il cherchait à donner à sa voix les tons exagérés d'une fausse colère, et elles l'interrompaient en riant aux éclats. Alors le harangueur déconcerté plongeait dramatiquement sa main droite dans l'entrebâillement de son gilet, tout en froissant de sa main gauche un manuscrit cousu de faveurs roses qu'il regardait avec désespoir, et prenait instamment à témoin. .

Modestement vêtu d'un habit brun de bouracan, portant ses cheveux noirs longs et flottants, sans poudre, contrairement aux usages de l'époque, pâle, avec de grands yeux bleus, le front haut, les veines saillantes, l'orateur du bosquet trahissait dans sa figure et dans son maintien cette animation fébrile qui fait rêver tant de belles choses, et dire tant de folies de seize à vingt ans. On devinait à cette sueur, lumineuse en quelque sorte, qui baigne les visages inspirés, que chez lui l'âme tourmentait le corps. Ce devait être un ambitieux en herbe, ou un fou, ou un poëte! Comme nous l'apprendrons, en nous tenant avec les trois jeunes dames derrière les charmilles, c'était un poëte. — Ce qui veut dire, au reste, un ambitieux et un fou.

Adrien, car c'était ainsi que venait de le nommer une de ses compagnes, Adrien quittait le collége; et il confiait dans ce moment à des oreilles trop frivoles, selon lui, pour le comprendre, le précieux fruit d'une année de divagation et d'enthousiasme. De tout temps, les écoliers de tous les pays ont été travaillés, à l'âge où les passions s'éveillent et où l'amour s'entrevoit, de cette ardeur d'expansion qui se trahit le plus communément par des vers. La poésie est la rosée des premières années; le soleil de midi l'enlève ensuite et la boit toute. De cette odorante transpiration de l'âme, il ne reste plus qu'un souvenir; de cette robe pleine de rayons, dont chacun s'est dépouillé à son tour, l'homme sort quelquefois triste et positif, le regard circonscrit dans une froide réalité; mais tous, même les plus exacts, même les plus positifs, ont passé par cette fièvre d'extase, par ce jour, par cette heure, par cette minute d'élan sublime et de génie. Ce fut l'étincelle qui se dégagea des heurts de l'âme contre les passions; ce fut le rayon qui éclaira l'hymen du cœur et des sens.

On ne doit donc rien préjuger pour l'avenir de cette disposition poétique commune à toutes les âmes qui n'aiment pas encore, mais qui veulent aimer; et faisant l'application de ce principe à Adrien, nous ne prétendrons pas qu'il y eût dans ses premiers essais la révélation d'un poëte; seulement, nous constaterons qu'il faisait des vers et qu'il en faisait parfois de bons.

A l'époque où se passe notre histoire, la jeunesse ne songeait pas encore à tourner son enthousiasme vers les abstractions et les désespoirs. On ne débutait point par une plainte contre le siècle. Les maladies de poitrine respectaient assez généralement les poëtes. C'était le beau temps de l'idylle, mais de l'idylle en falbalas. La première muse était jeune, frisée, poudrée, portant chapeau de fleurs; quelquefois, elle chassait devant elle avec une houlette élégante des petits moutons blancs comme neige; les désespoirs se modulaient sur une musette ; pas de vilains pistolets, ni de gaz pesant pour aider aux suffocations d'un amour incompris! Mais dans des petites cages de roseau des oiseaux emblématiques; mais des nœuds de ruban à des bouquets de rose; mais tout l'attirail coquet et frivole qui rendait l'olympe impossible sans une habilleuse et un coiffeur! Le dix-huitième siècle s'attifait des rognures du dix-septième. Le joli et le mignon remplaçaient le beau et le sévère. Marivaux et Florian devenaient chefs d'école comme Watteau et Boucher.

Adrien avait dû satisfaire nécessairement à ce goût dominant de l'époque. Dans ses longues rêveries, le long des corridors obscurs des oratoriens où il avait étudié, ce qui faisait fermenter sa jeune tête, c'était une vision qui lui était restée d'une fête de Versailles dans laquelle il avait entrevu des petits pieds chaussés de satin blanc, de belles têtes de duchesse dans une auréole de poudre; de beaux marquis en habits de velours. Son père, qui remplissait à la cour un emploi modeste, lui avait fait de merveilleux récits de ce qu'il pouvait voir des antichambres; et tous ces souvenirs, tous ces tableaux s'étaient revêtus d'une forme lumineuse en se fixant dans une imagination de dix-huit ans. On ne s'étonnera donc pas d'apprendre qu'Adrien, au moment où nous faisons sa connaissance, est en train de procéder à la répétition d'une pastorale en trois actes et en vers, dans laquelle il a répandu toutes les ardeurs de son âme, et toutes les richesses de sa fantaisie. A ce propos, je doute que Corneille, qui se dispensait de la modestie parce que le génie lui suffisait, et qui était grand avec franchise ; je doute que l'auteur du *Cid* eût la poitrine gonflée de plus d'orgueil, en entendant parler son Rodrigue que notre jeune poëte ne l'avait, en relisant ses innocentes déclamations. Il eût mis volontiers sur son chapeau : — C'est moi qui suis Adrien, l'auteur d'*Agénor et Chloé !* — Mais, forcé de renoncer à ce mode insolite de publicité, Adrien avait eu recours à quatre jeunes filles de son âge ; et il était convenu que pour la fête d'un de ses grands parents, notre poëte aurait la satisfaction de voir son œuvre jouée, tant bien que mal, mais enfin représentée par ses compagnes d'enfance.

D'après une disposition de la pièce, très-savante, quoique très-naturelle en apparence, il n'y avait qu'un rôle d'homme ; ce qui levait bien des difficultés. D'abord, aucun autre adolescent ne se trouvait admis dans l'intimité de ces demoiselles, et Adrien tenait à son isolement qui n'était pas sans charmes ; et puis l'admission de personnages mâles eût en outre produit des rivalités sur la valeur des emplois. Aussi, pour éviter d'avoir à défendre ou à céder les premiers rôles, Adrien s'était dit : Il n'y aura qu'un rôle d'homme et je le jouerai. Par-là, point de dispute ! Il ne mécontentait personne, restait chef de la troupe, et pouvait agir en maître. Ce dernier privilége cependant était très-contesté ; et, comme nous le verrons, il éprouvait dans son autocratie tous les inconvénients d'un gouvernement constitutionnel; il régnait et ne gouvernait pas.

Retournons maintenant prendre place à côté des trois jeunes dames derrière les charmilles. Cette digression un peu longue était nécessaire. Il nous fallait, pour l'intelligence de sa conduite, expliquer le caractère d'Adrien. Cela fait, revenons à ses moutons; car il y a, ou plutôt il est censé y avoir des moutons dans la pièce ; l'embarras de discipliner cette partie peu intelligente de la troupe, l'a fait supprimer en réalité ; mais elle n'en doit pas moins subsister dans l'idée des spectateurs.

Notre poëte n'avait pu faire à la vanité féminine les sacrifices qu'il avait courageusement résolus en vue de l'amour-propre masculin. A moins de ne composer qu'un dialogue dans la stricte acception du mot, force lui avait été pour l'intérêt, pour la vraisemblance, peut-être aussi pour la magnificence de sa pièce, d'admettre plus d'un rôle de femme. Nous n'osons pas dire que ce fut un tort, mais ce fut certainement un malheur. Jusqu'à cette dernière répétition qui était décisive (la pièce devait être solennellement représentée le lendemain), on avait étudié les rôles séparément, sans trop s'inquiéter de leur importance relative; mais, quand on fut en présence, et quand la position de chacune fut désignée, il y eut des exclamations de surprise, de dépit, de désappointement; alors se fit le tumulte qui avait distrait les trois jeunes dames de leur promenade dans le parc.

Selon la donnée du poëte, Agénor, prince ou marquis d'un pays oublié sur la carte (non pas sur la carte du

Tendre), guidé par le désir, fort innocent pour un marquis, de se faire un bouquet de fleurs des champs, errait mélancoliquement le long d'une prairie, quand au pied d'un saule, il découvrait tout à coup une bergère paisiblement endormie. A cette vue, transports et ravissements d'Agénor; il oubliait l'éclat des cours, l'élégance fastueuse des grandes dames. La charmante simplicité de cette bergère (en robe de satin blanc, en chapeau de paille, orné de rubans et de fleurs, tenant une houlette également enrubanée), le jetait hors de lui. Il s'agenouillait sur l'herbe, et se livrait à la plus hyperbolique exclamation qui ait jamais fait trembler le feuillage vert-tendre d'une églogue. Cependant, la bergère se réveillait, et justement confuse de se voir surprise dans les douceurs du sommeil, elle s'excusait avec une grâce naïve qui achevait de troubler la tête de notre sentimental marquis. De délicates insinuations étaient faites alors dans le but de s'assurer si une petite place ne serait pas, par hasard, vacante dans le petit cœur de la ravissante bergère. Sur l'aveu de Chloé, que la campagne au printemps, et deux ou trois agnelets de son troupeau avaient seuls, jusqu'à ce moment, trouvé le sentier fleuri de son âme, Agénor, s'autorisant de l'exemple d'un très-grand seigneur de l'antiquité, nommé Hercule, qui avait filé aux genoux d'une grande dame nommée Omphale, ne se faisait aucun scrupule de tomber aux pieds de Chloé, en lui offrant son cœur, sa main et son nom, estimant avec assez de justesse que de marquis à bergère la distance était la même que de demi-dieu à princesse. Ces sentiments héroïques faisaient certainement le plus grand honneur à un marquis de ce temps-là, où les préjugés avaient beaucoup d'empire; mais la jeune personne qui s'était chargée du rôle de Chloé ne voulait pas que cela se passât ainsi. Sous le prétexte, au moins frivole, qu'elle ne pourrait jamais se résoudre à dormir en public, elle demandait à Adrien de changer la scène; et puis, comme héroïne, elle revendiquait le droit de ne pas commencer l'acte, et de ne paraître qu'après s'être fait attendre un peu. C'était, à son avis, le moyen de produire un bien plus grand effet. Adrien ne se montrait nullement convaincu, et il avait pour cela de nombreuses et excellentes raisons; mais il lui eût été impossible de les déduire, tourmenté par le reste de la troupe, qui sollicitait également de lui de nombreux changements.

Au second acte, Agénor et Chloé, bras dessus bras dessous, allaient offrir une cage, où soupiraient deux colombes, à une devineresse fort célèbre dans le canton, et qui devait prononcer sur l'union réclamée avec instance par Agénor et refusée doucement par Chloé. Cette devineresse, dans l'idée d'Adrien, devait être enveloppée d'une certaine robe noire flottante, dont la couleur triste et l'ampleur semblaient une injure faite aux lignes élégantes et gracieuses de la taille de l'actrice, autant qu'à sa fraîcheur et à sa jeunesse. Celle-ci se plaignit donc de n'être pas habillée d'une robe de satin comme l'était Chloé. Une troisième, pour des raisons analogues, ne voulait pas paraître trop vieille, tout en passant pour l'aïeule de la bergère. Elle consentait à comprendre et à bénir les amours de ses petits-enfants; mais à la condition que l'on vît bien que ce n'était pas chez elle seulement l'effet d'un souvenir et d'un regret. Et puis, elle était superstitieuse, et craignait que cette heure de déguisement ne lui portât malheur ; elle avait peur de ne plus redevenir après la jeune et jolie fille d'auparavant, et de vieillir réellement. Enfin, il en restait une quatrième plus difficile à contenter. Tout son rôle lui déplaisait ; et cependant, l'ingrate! elle représentait une prêtresse habitant ou passant pour habiter un temple de jaspe et de porphyre, orné de fleurs. C'était elle qui, selon les rites de ce pays peu connu, sanctifiait l'union d'Agénor et de Chloé, et les mariait de par l'amour et de par sa baguette enchantée. Mais, comme elle ne paraisssait qu'au dénoûment, elle jugeait qu'il était inutile de créer un rôle pour quatre vers, et voulait, ou bien qu'on allongeât ce rôle, ou qu'on le supprimât entièrement.

Adrien se trouvait donc fort embarrassé. Il ne savait à laquelle répondre ; il les exhortait toutes, les suppliait à mains jointes, gémissait sur la destinée des poëtes, cherchait à faire comprendre la grâce et la simplicité d'intrigue de son œuvre pastorale; peines perdues! Toutes semblaient avoir conjuré son désespoir.

Il y eut un moment, où n'y tenant plus, il jeta son manuscrit loin de lui, se croisa les bras, et leva la tête au ciel, comme pour l'attester et implorer l'intervention d'une providence quelconque. Tout à coup il lui sembla que son vœu avait été exaucé, et que cette providence venait, fée, ange ou magicienne, l'assister et le tirer d'embarras. Le feuillage s'écartait doucement devant lui, et une figure toute rayonnante se montrait au milieu des branches, lui jetant un regard humide de compassion et de sympathie. A cette douce apparition, notre poëte, les yeux fixes, les mains tendues, était près de crier au prodige, quand la vue de deux autres belles têtes encadrant la première, et de je ne sais quels détails de toilette peu familiers sans doute aux providences célestes, le fit retomber des hauteurs de l'extase, et lui donna à penser que ce pouvaient bien être tout simplement trois jeunes curieuses, écoutant ce qui se disait et assistant à son humiliation. De leur côté, les trois dames se voyant découvertes, franchirent bravement le feuillage qui ne pouvait plus servir à les cacher, et sautèrent au milieu du bosquet. Après une révérence profonde à l'assemblée stupéfaite, celle des trois qui avait un peignoir et qui paraissait la plus déterminée, prit la parole et dit :

— Monsieur et mesdemoiselles, pardon de vous avoir dérangés ! Mes amies et moi nous nous promenions dans le parc : le bruit de votre dispute nous a attirées de ce côté, et depuis une demi-heure nous vous écoutons. Maintenant que nous sommes au courant de l'affaire, voulez-vous de nous pour arbitres ? Ne craignez rien, mesdemoiselles, nous apprécierons vos puissantes raisons ; et vous, monsieur le poëte, croyez que nous comprenons tout ce que valent de beaux vers !

A cette proposition faite d'un ton légèrement railleur, les insurgées baissèrent la tête sans répondre : elles étaient honteuses d'avoir été surprises en flagrant délit de taquinerie et de vanité. En général, si les femmes redoutent les jugements des autres femmes, c'est qu'elles savent bien que leurs juges prononcent d'après les délations de leur propre conscience, et qu'il n'y a pas de réplique possible à des conclusions qui commencent par un aveu. Adrien se trouvait donc heureux d'une si gracieuse intervention, tandis que ses quatre compagnes, humiliées et interdites, commençaient à regretter leurs disputes et à tourner vers lui des regards plus conciliants. Aussi fallut-il peu de raisons de la part des trois inconnues pour déterminer les mutines débutantes à reconnaître leurs torts et à revenir sur leurs prétentions. Chloé ne demanda pas mieux que de dormir pendant la première scène ; la devineresse consentit à l'affublement en question ; celle qui remplissait l'aïeule souscrivit, dans toute leur rigueur, aux conditions de son emploi, et la prêtresse, exagérant cette fois son zèle, proposa, si ses amies croyaient qu'elle en eût trop à débiter, d'en supprimer la moitié ; c'est-à-dire deux vers sur quatre. Adrien refusa ce sacrifice, mais ne se sentit pas d'aise de la bonne volonté de sa troupe. Il s'avança, tremblant d'une délicieuse émotion, vers la jeune dame au peignoir gris, lui exprima avec des balbutiements sa reconnaissance, et finit, à l'aide de respectueuses circonlocutions, par la prier de vouloir bien assister elle-même, avec ses deux amies, à la représentation solennelle de sa pastorale.

Cette invitation, adressée les mains jointes et le regard

suppliant, fit sourire et s'entreregarder les trois jeunes dames. Avant de répondre, elles parurent se concerter ensemble. On devinait à leurs chuchotements que ce n'était pas pour elles une chose facile que d'accepter. Enfin, après une délibération fort animée dans laquelle la majorité semblait avoir voté pour le refus, la jeune dame au peignoir, que nous avons vue exercer un certain ascendant sur ses deux amies, et qui constituait une minorité très-influente, prit sur elle la responsabilité de l'acceptation; et tournant avec vivacité la tête de droite à gauche et de gauche à droite, comme quelqu'un qui refuse d'en entendre davantage, et qui veut se débarrasser de mauvaises raisons, elle répondit à Adrien enchanté que le lendemain au soir elles seraient heureuses d'aller toutes les trois applaudir Agénor et Chloé.

On convint de l'heure et de l'endroit; puis après de grands saluts mêlés de quelque embarras du côté des jeunes comédiennes, et pleins d'affabilité du côté des trois inconnues, on se sépara, les unes pour rentrer au château, les autres pour remplacer par des distractions d'une moins haute portée les débats orageux de la répétition.

Or, pendant que la jeune fille qui devait, le lendemain, servir d'aïeule à Chloé, fermait ses beaux yeux pour qu'on les couvrît de l'innocent bandeau du colin-maillard, et qu'Adrien ayant remis, avec son manuscrit, tous les soucis de directeur dans sa poche, se disposait à serrer, avec la plus rigoureuse sévérité, sa cravate de mousseline sur les charmantes paupières de la jolie duègne, celle-ci se pencha à son oreille et lui dit :

— Adrien, savez-vous quelles sont ces trois jeunes dames qui nous quittent ?

— Non, Amélie, et vous ?

— Oh ! moi, je crois les avoir reconnues.

— Eh bien !

— Ou je me trompe fort, ou ces deux sœurs en robes brochées sont les deux princesses de Savoie, la comtesse de Provence et la comtesse d'Artois.

— Dites-vous vrai ? Amélie, et la dame au peignoir ?

— La dame au peignoir, serait alors notre gracieuse dauphine, Marie-Antoinette.

— Cela est-il possible ! mon Dieu, les princesses seules dans le parc !

— Je vous dis, Adrien, que ce sont elles.

— Et moi qui les ai invitées à notre fête ; comme maintenant elles doivent rire de moi !

— Dites de nous, Adrien.

— Oh non, de moi seul, c'est moi qui ai fait l'invitation.

— Le croiriez-vous ? J'ai dans l'idée qu'elles l'ont acceptée de bonne foi.

— Quelle folie ! les princesses ! la dauphine !

— Nous verrons ! nous verrons !

— Hélas !

— Voilà-t-il pas de quoi vous affliger !

— Surtout, Amélie, ne dites pas votre découverte aux autres, elles se moqueraient de moi.

— Avez-vous bientôt fini ? cria dans ce moment la

belle demoiselle qui devait prêter le lendemain son frais minois à la bergère Chloé, et qui était un peu jalouse du tête-à-tête de son prince avec sa mignonne grand'-mère.

— Voilà qui est fait, répondit-on, et la jeune fille aux yeux bandés s'élança dans l'avenue, tendant ses bras, courant à droite et à gauche, partout où elle entendait rire et causer. Ce fut alors pour longtemps une gaieté et des éclats de voix à dérider les dieux de marbre, insensibles habitants du parc.

Cependant, Adrien, bouleversé de la confidence qu'il venait de recevoir, s'était retiré dans un coin et s'était mis à rêver profondément; et tandis que ses amis folâtraient et laissaient passer les heures avec insouciance, lui, pressait son cœur qui battait violemment dans sa poitrine, et murmurait tout bas : Pourvu qu'elles viennent demain !

Qu'espérait-il donc, l'ambitieux poëte, de la présence auguste des trois petites-filles de Louis XV à la représentation de sa pastorale ? Nous ne saurions le dire. Seulement, le soir en entrant dans sa chambre, il vint se mettre à genoux au chevet de son lit, puis joignant les mains avec ferveur et regardant le ciel étoilé à travers sa fenêtre, il dit à demi-voix :

— Mon Dieu qui m'avez ôté ma mère, et qui m'avez refusé une sœur, vous qui savez que je suis seul, et que ces jeunes filles innocentes ne comprendront jamais tout ce qu'il y a d'amour et de foi dans mon âme, vous qui m'avez fait naître fier pour me conserver poëte, je vous en prie, ô mon Dieu, permettez que l'ange qui doit m'aimer un jour, que celle qui viendra réclamer sa part de mon fardeau et que je nommerai ma femme, soit douce, bonne et belle, comme son altesse madame la dauphine Marie-Antoinette.

Cette prière faite, il se coucha et ne dormit pas de la nuit.

II

Tous les ennuis qu'avait éprouvés Adrien pour mettre sa pastorale à l'étude, toutes les anxiétés par lesquelles la coquetterie et les caprices de sa troupe l'avaient fait passer, se trouvaient oubliés. Son œuvre, si longtemps caressée dans l'ombre de son âme, allait enfin se produire au grand jour de la publicité, et les gracieux enfants de son imagination, dont l'innocent caquetage remplissait depuis si longtemps tous les échos de sa tête et de son cœur, allaient recevoir le baptême des applaudissements de sa famille. Certes, au défaut d'un nombreux auditoire, c'était déjà un grand bonheur pour notre poëte que d'amener des pleurs dans les yeux de cent personnes, même en pays de connaissance; nous pouvons donc affirmer qu'Adrien éprouvait ce débordement de joie mêlé de trouble que cause toujours une première représentation. Les chances de succès étaient belles, la sympathie de l'auditoire lui était acquise, et nous ne saurions nous expliquer d'où provenait le léger nuage qui voilait de temps en temps le rayonnement de son front, si nous n'étions dans la confidence de son espoir ambitieux.

Il attachait une idée superstitieuse à la venue peu probable d'ailleurs des trois princesses. Il lui semblait que triompher aux yeux des petites-filles du roi, c'était triompher aux yeux de la cour entière, et un sourire approbateur de ces trois divinités paraissait à notre présomptueux poëte devoir transporter son Parnasse dans l'Olympe. Peut-être l'idée de gloire n'agitait-elle pas seulement son cœur, et de plus téméraires espérances germaient-elles, sans qu'il osât se l'avouer à lui-même, dans le plus profond repli de sa pensée. Toujours est-il que dès le matin il avait la fièvre, et que dans les instants où son délire pouvait s'exhaler sans témoin, il se surprenait à appeler à haute voix les nobles visiteuses du bosquet, à lancer de côté et d'autre les regards enivrés et extatiques d'un triomphateur qui veut plaire, et à passer violemment la main dans ses cheveux en les dressant sur sa tête, comme un insensé qui tenterait de s'enlever ainsi lui-même et de se poser sur un piédestal.

Aussi, les heures qui s'écoulèrent jusqu'au moment de la représentation, lui parurent-elles bien longues; il crut avoir vécu une semaine dans un jour; et quand le soleil, contre lequel il avait vingt fois, depuis le matin, retourné le vœu de Josué, se fut couché lentement derrière les arbres jaunis du parc, il courut, en frémissant de bonheur, présider à l'installation de son théâtre.

La partie matérielle de sa tâche n'offrait pas de moindres difficultés que la partie spéculative ; et les embarras du machiniste équivalaient aux soucis du directeur. Le problème que le poëte avait à résoudre pour entourer sa pastorale du plus de magnificence possible, devenait celui-ci : — Une chambre étant donnée, construire, à l'aide de deux fauteuils, d'un rideau, d'un paravent et d'un tapis, un paysage où de beaux arbres verts ombragent mélancoliquement une bergère endormie, où le ciel bleu, tamisant les rayons d'un soleil comme on n'en voit que dans les églogues, se mirent dans des flots de cristal; où des prairies émaillées de fleurs servent de tendre pâture à de petits moutons blancs. Nous savons déjà comment le troupeau ne devait plus paraître que dans le dialogue ; mais il était impossible, à moins de se priver de toute espèce d'illusion, que les décors et les autres accessoires se passassent également en conversation. Force était donc d'utiliser les ressources du magasin. Le tapis employé comme toile de fond était déjà une heureuse trouvaille. A part les oiseaux magnifiques, les paons aux larges queues, les faisans et les cygnes qui y étaient fort inutilement répandus, les arbres de haute lisse satisfaisaient des yeux complaisants. Il est certain que pour cela on ne devait pas chicaner la bordure de fleurs et de fruits qui encadrait la forêt. Le paravent pouvait servir également à dissimuler les acteurs et à compléter l'horizon. Un grand ciel couleur tourterelle, des jolis arbres bien peignés, des allées finement dessinées, des cascades d'argent, et, sur des ponts hardiment jetés, des pêcheurs habillés de lampas et tenant au bout de leurs lignes de gros poissons dorés : c'était là un luxe d'ornement dont Adrien fit son profit. Il est vrai que le paysage avec ses kiosques garnis de clochettes, avec ses pêcheurs aux longues moustaches, avait un petit air chinois qu'on ne pouvait méconnaître ; mais, le soir, et grâce à une complaisance de l'imagination qui ne défendait pas de transporter l'action dans les environs de Pékin, tout pouvait s'arranger ; et tout s'arrangea en effet.

La bergère Chloé s'installa de son mieux dans un fauteuil qui dut passer pour un banc de gazon ; et les trois coups solennellement frappés, Adrien tira lui-même un grand rideau qui dérobait au public les splendeurs du théâtre ; puis, ce dernier devoir de machiniste rempli, il passa derrière le paravent et fit son entrée au milieu des applaudissements de tous les spectateurs. Heureusement pour notre poëte qu'il lui était presque impossible de ne pas se rappeler son rôle, car il fut quelques instants étourdi, ébloui, oppressé, ne sachant où il était, débitant machinalement, et sans en avoir conscience, les premiers vers de sa pastorale. Une seule idée tourbillonnait dans sa tête et confondait tout : ses yeux errants de côté et d'autre ne cherchaient à reconnaître qu'une seule personne ; et son oreille tendue n'aspirait les sons que dans le but chimérique de s'assurer si, parmi les applaudissements, il distinguerait le bruit de deux petites mains qu'il avait entrevues la veille.

Le premier acte s'acheva dans les trépignements de l'assistance. Les grands parents pleuraient. C'était un concert de louanges à impatienter le poëte le moins modeste; mais Adrien n'entendait pas. Il s'était retiré derrière le paravent, pâle et les yeux gonflés de larmes. Que lui faisaient tous ces témoignages d'auditeurs indulgents par vanité et par ignorance! Les embrassements et les bénédictions dont il était menacé lui semblaient un odieux désappointement à côté de l'ineffable sourire qu'il avait espéré des lèvres royales. L'infortuné poëte, il en était à son désenchantement! La gloire, qu'il personnifiait dans l'une des trois princesses, s'était déjà jouée de lui. Aussi fut-ce avec un profond découragement et un serrement de cœur inexprimable qu'il reparut dans le second acte.

Peu après, cependant, les vers qu'il récitait sans y prendre garde échauffèrent ses lèvres en les effleurant; peu à peu, cette poésie à laquelle il ne pouvait toucher sans que quelque chose tressaillit en lui, releva sa tête et ralluma ses yeux. Alors il se hasarda, par un effort désespéré, à regarder dans la salle; et que devint-il, bon Dieu, quand il aperçut, à dix pas de lui, trois mantelets et trois cornettes de marchandes, sous lesquelles il reconnut sa trinité gracieuse du bosquetet de ses songes! Il s'arrêta au milieu de sa période; la joie qui affluait vers son cœur l'empêcha de parler; puis, par un geste qui dût sembler au moins étrange à l'actrice en scène, il joignit les mains comme on fait dans une extase et se laissa aller à une contemplation dont Chloé eut beaucoup de peine à le tirer. Jusqu'au dernier vers de la pièce, il y eut désormais deux hommes en lui : l'un qui donnait la réplique et déclamait, l'autre, indifférent à tout, concentrant toute son âme dans ses yeux, et ses yeux sur un seul point. Malgré ces distractions, tout alla bien, et le dénoûment d'une simplicité touchante, produisit un effet irrésistible.

Adrien eut donc à subir des félicitations qui furent pour lui tout un supplice. Enfin, quand le tumulte des conversations et des commentaires se fut assez bien établi pour qu'il pût s'échapper, il courut vers l'endroit où devaient se trouver les trois princesses; il avait peur que, dans la crainte d'être reconnues, elles ne se fussent déjà retirées; mais il vit, au contraire, qu'on l'attendait.

Interdit et tremblant, il s'avança, voulut parler et ne put que s'incliner profondément en murmurant : Altesses! A ce mot, une rougeur de dépit et de désappointement passa sur les trois augustes visages; et Marie-Antoinette, qui dans toute circonstance semblait prendre sur elle la responsabilité des démarches, posa un doigt sur sa bouche pour recommander le silence à Adrien, et lui dit en souriant :

— Je vois, monsieur, qu'il nous faut renoncer à notre rôle de providence inconnue : c'est dommage; mais j'espère bien que les princesses n'ont pas démérité de la confiance que vous accordiez hier aux trois indiscrètes du bosquet.

— Ah ! que n'ai-je su !

— Vous eussiez récusé notre intervention, n'est-ce pas! C'eût été mal à vous. Mais pendant que nous perdions ce prestige de l'anonyme qui nous rendait si puissantes, de notre côté, monsieur, comme décidément nous sommes très curieuses, nous avons voulu savoir quel était le jeune poëte méconnu dont nous avions adouci les angoisses. Votre père, à qui par hasard nous nous sommes adressées pour cela, nous a parfaitement instruites. C'est lui qui s'est chargé de nous conduire ici; et c'est lui que nous avons prié de vous amener au château. Maintenant écoutez-moi, monsieur Adrien, vous êtes franc et loyal, et ce ne serait pas vainement qu'on ferait appel à votre dévouement et à votre discrétion.

— Altesse, on m'arracherait la vie plutôt qu'un secret !

— Oh ! il ne s'agit pas de mettre votre vie en danger. Mon Dieu que ces poëtes sont exaltés ! Le complot auquel nous voulons vous initier (car il y a un complot), est tout pacifique. Ce que nous songeons à renverser, c'est l'ennui qui règne à la cour, et nous ne conspirons que pour nous amuser. Ne rêvez donc pas de périlleux sacrifices : seulement présentez-vous demain matin au château ; ayez votre manuscrit d'*Agénor et Chloé* sous le bras, et vous saurez alors ce que nous exigeons de vous. Au revoir donc, monsieur, à demain : soyez exact. Surtout n'oubliez pas la pastorale.

Et avant que notre poëte, confus et troublé, eût pu trouver une réponse, les trois princesses avaient disparu. Nous n'avons pas besoin d'ajouter qu'Adrien ne dormit pas plus cette nuit là que la nuit précédente.

III

Le lendemain, paré, frisé, resplendissant, portant haut la tête, cherchant à donner à sa démarche la solennité d'un conquérant, et se surprenant à sauter de joie, tourmentant d'une main fiévreuse un jabot de dentelle fraîchement empesé, son chapeau sous le bras, des rayons dans les yeux, pâle comme un ambitieux qui touche au bonheur, à jeun comme un amoureux qui ne vit plus que dans le ciel, notre poëte se présenta au château. Le mot d'ordre avait été donné : il fut introduit dans un petit salon d'entresol où se trouvaient réunies les trois princesses, et, derrière leurs fauteuils, les trois princes, leurs époux.

Adrien eût mieux aimé ne rencontrer que ses augustes protectrices. Lui qui ne s'arrêtait pas dans ses suppositions hardies et qui s'était intérieurement flatté d'avoir un secret en commun avec les petites-filles du roi, fut un moment assez désappointé de la présence des maris, mais il eut bientôt de quoi se consoler.

Marie-Antoinette expliqua à notre ami, stupéfait et ébloui, comment elle avait conçu le projet d'organiser un théâtre dans les petits appartements, et comment c'était son œuvre qui avait été jugée digne d'ouvrir la série des représentations. On alla même jusqu'à laisser entendre, comme la veille, que la cour avait de très-grands ennuis, et que c'était pour s'y soustraire que la jeune dauphine avait eu l'idée de jouer la comédie.

Adrien fut bien un peu surpris d'apprendre qu'on s'ennuyait à la cour, mais il se disait, *in petto*, que ces plaintes étaient peut-être un prétexte imaginé pour couvrir l'empressement que l'on mettait à applaudir son œuvre. — Les poëtes ont toujours de ces façons d'expliquer les événements; et pourtant rien n'était plus vrai.

La cour, vers la fin de 1773, semblait frappée de cette paralysie qui quelquefois précède de peu d'instants la mort. On n'y parlait plus, on y chuchotait. La corruption des courtisans était la même, mais elle avait perdu cette sorte de cynisme qui pouvait l'excuser sous la régence et les premières années du règne. La débauche devenait hypocrite, ce qui la laissait hideuse; le roi, vieux, souffrant, dégoûté des plaisirs et y courant encore çà et là par un reste d'habitude; le roi, dans ses intervalles de raison, sentant que le trône craquait sous lui et que la tâche serait lourde pour son successeur, soupirait et baissait le front devant la pensée de l'avenir. — Pauvre France! — avait-il dit quelques années auparavant : un roi âgé de cinquante ans, et un dauphin de onze! — Le dauphin avait grandi, mais les embarras de la couronne s'étaient accrus; et Louis XV, qui, lors de cette exclamation, comprenait déjà sur quelle pente inévitable roulait la monarchie, fermait les yeux maintenant pour cacher ses larmes et ne pas voir l'abîme.

C'est un fait surprenant et presque providentiel à remarquer que cet abattement et que ce dégoût qui saisissent à son déclin l'homme dont toute la vie a été donnée à la dissipation. Quand le voluptueux sent que le monde terrestre lui échappe, il s'effraie du monde céleste et inconnu auquel il commence à croire. Les âmes dévastées par les passions, ont peur de la nuit du tombeau, comme les enfants de l'obscurité du soir. L'imagination qui s'est nourrie de caprices et de fantaisies, trouve la réalité monstrueuse, et ceux qui ont abusé des émotions, finissent par devenir d'une impressionnabilité étrange. Ils étaient fous dans leur joie, ils sont exagérés dans leur tristesse. Louis XIV, au coin de l'austère foyer de madame de Maintenon, priait piteusement pour la rédemption de ses péchés, et Louis XV, au milieu de Versailles dépeuplé d'amours, se complaisait aux idées funèbres (1).

On conçoit donc comment la dauphine et les deux jeunes princesses de Savoie, toutes les trois jeunes et jolies, toutes les trois gaies et insoucieuses, devaient souffrir dans cette cour morne et déchue. A une époque où Louis XV passait des heures entières à regarder courir les nuages au-dessus du parc et jaunir les feuilles, c'eût été un crime de lèse-majesté que de laisser paraître l'intention de s'amuser ; aussi les trois jeunes rebelles avaient-elles pris les plus grandes précautions pour que le silence fût gardé sur leurs projets. Marie-Antoinette

---

(1) Le roi Louis XV était fort mélancolique, et aimait toutes les choses qui rappelaient l'idée de la mort, en la craignant beaucoup.

(*Mémoires de la marquise du Hausset.*)

s'était montrée la plus impatiente à s'affranchir de l'ennui ; elle était l'âme du complot, car c'était elle qui souffrait surtout. Vive, sémillante, sans fausse coquetterie, habituée par sa mère, Marie-Thérèse, à une vie simple et modeste, comprenant que la dignité tient moins à de vaines précautions qu'au respect de soi-même, elle s'était sentie glacée, en entrant à Versailles, du cérémonial qui présidait aux moindres mouvements. Alors, elle avait éprouvé comme des regrets ou des pressentiments, et s'était jetée dans les bras de la duchesse de Noailles, sa dame d'honneur, en la suppliant de l'aimer et de la diriger. Mais madame de Noailles, que sa rigidité à observer les traditions et les usages fit surnommer madame l'*Étiquette*, était précisément la personne qui devait le moins sympathiser avec la jeune et indépendante dauphine. Celle-ci fut donc obligée de tourner ses regards d'un autre côté. Le dauphin, à qui revenaient de droit les tendresses, montrait envers sa jeune épouse une inexplicable indifférence, une froideur qui dégénérait souvent en brusquerie. Ce dédain de tant de jeunesse et de tant de beauté, soit qu'il provînt d'intrigues de la part des courtisans, soit qu'il fût le résultat de l'apathie naturelle du prince, avait froissé l'âme fière et aimante de la dauphine : restaient donc pour confidentes et pour amies, les deux comtesses de Provence et d'Artois. Celles-là accueillirent à bras ouverts leur désolée belle-sœur. Les trois jeunes étrangères s'unirent d'une vive amitié, et trouvèrent un grand charme, comme nous l'avons vu au commencement de cette histoire, à s'isoler de la foule des courtisans, pour causer, à leur aise, de la patrie absente et de leurs chagrins.

Cependant, la rencontre d'Adrien dans le parc, et la représentation à laquelle un déguisement leur avait permis d'assister, leur avaient révélé tout à coup un moyen de passer gaiement l'hiver, qui paraissait devoir être lugubre à Versailles. Les trois époux furent mis aussitôt dans la confidence. Outre qu'il n'était guère possible de leur cacher ces projets, il fallait bien des acteurs et un public. Le comte de Provence et le comte d'Artois souscrivirent galamment à tout ce que l'on exigea d'eux. Le premier s'engagea pour les rôles sévères, le second pour les amoureux. Le dauphin se récusa, et dit qu'il représenterait le parterre. Ses deux belles-sœurs voulaient insister pour qu'il apportât une coopération plus active; mais Marie-Antoinette, qui avait une secrète raison sans doute pour qu'il fût témoin de ses succès, décida que la troupe était assez nombreuse, et que son mari avait toute l'impartialité désirable, elle n'osa pas dire l'indifférence, pour faire un excellent public ; et comme elle jugeait ordinairement en dernier ressort, la question parut vidée ; et il fut convenu que ce serait pour le plus grand amusement de Mgr le dauphin que leurs Altesses allaient se composer un répertoire.

Le but de ces comédies n'étant pas purement littéraire, et la fantaisie des costumes entrant pour beaucoup dans le plaisir que l'on se promettait, la future fermière de Trianon se demanda, en se lorgnant dans une glace, si un élégant corsage de bergère, un chapeau de paille orné de grands rubans, et une houlette ne lui siéraient pas. Ce fut sur la réponse affirmative du miroir qu'Adrien fut invité à venir au château avec sa pastorale; et quelques jours après, tout fut disposé dans un cabinet d'entresol pour le début de la nouvelle troupe et une seconde représentation d'*Agénor et Chloé*.

Nous l'avons dit, toutes les mesures avaient été prises pour que rien de cet important projet ne transpirât au dehors. Ce fut même cette certitude que ni le roi, qui pourrait s'en fâcher, ni Mesdames, tantes des princes, qui s'en scandaliseraient, ni le public, qui s'en moquerait, n'apprendraient jamais ces distractions scéniques, qui fit donner le rôle d'Agénor à notre jeune poëte. Puisque l'étiquette extérieure ne devait pas en souffrir, et que nul regard curieux ne pouvait pénétrer jusqu'aux illustres comédiens, on pensa qu'il serait fort maladroit de se priver bénévolement d'un intelligent acteur qu'on avait vu à l'œuvre, et qui serait d'une grande ressource. — Et puis, on regarda comme un délicieux enfantillage d'admettre un jeune homme du peuple à participer aux amusements des princes. A la fin d'un règne où toute la noblesse s'était fait gloire de chercher parfois le plaisir dans la foule, en descendant aussi bas qu'il le fallait pour l'y rencontrer, on n'était pas fâché d'essayer un peu, dans une limite honnête, d'une fantaisie de roué, et on voulait *s'encanailler* avec un charmant et loyal garçon : c'était là un innocent caprice auquel on satisfaisait sans se l'avouer, peut-être, mais qui pouvait coûter cher à un exalté comme Adrien.

Qui pourrait dire tous les enivrants espoirs qui traversèrent alors sa jeune tête ? Lui, le roturier, le pauvre poëte, vivre dans l'intimité des plus grands personnages du royaume, jouer la comédie avec des altesses, et, en qualité de berger, se mettre aux genoux d'une future reine de France, prendre sa main divinement belle, lui parler pendant des heures entières, et la voir lui sourire, l'entendre enfin, échanger avec lui de doux propos d'amour qui, bien qu'il les eût tirés d'avance de son propre fonds, ne lui en paraissaient pas moins, à de certains moments, de part et d'autre, improvisés. Il y avait là de quoi devenir fou ; mais Adrien se fit bientôt à ce rêve magnifique. A son âge, on se met facilement à la hauteur des exagérations du sort. Peu à peu même il lui sembla que les distances se rapprochaient. Sa timidité disparut. Il se donna les allures d'un marquis ; et quand il se rendait aux répétitions, il entrait fièrement, le poing sur la hanche, feignant d'oublier que son père l'introduisait clandestinement, et franchissant un escalier dérobé qui conduisait au lieu des réunions, avec la légèreté triomphante d'un élégant seigneur content de lui-même et de ses aïeux, qui monterait, par un jour de gala, le grand escalier du château.

Cependant la fameuse pastorale avait été jouée avec un grand succès. Le public, c'est-à-dire monseigneur le dauphin, assisté de son altesse le comte d'Artois, qu'on n'avait pas trouvé moyen d'employer cette fois là, couvrit d'applaudissements, l'auteur, les actrices et les acteurs. Nous disons les acteurs avec intention, car, si dans l'origine notre poëte avait cru prudent de ne mettre dans sa pièce qu'un rôle d'homme, l'impossibilité où l'on était au château d'avoir quatre dames, lui fit changer ensuite la sémillante prêtresse du dénoûment, qui mariait les amants avec une couronne de roses, en un prêtre majestueux, décoré d'une barbe vénérable et de cheveux *blanchis par la neige des ans.* Monsieur le comte de Provence s'était chargé de la métamorphose, et s'en acquitta d'une façon digne des plus grands éloges.

Monsieur eut des poses que pouvaient envier les premiers modèles de l'Académie de peinture, et son geste pour bénir fut du dernier sublime. La mise en scène ressemblait beaucoup à celle qu'avait déployée Adrien pour sa première représentation, si ce n'est que sur le côté une grande armoire, toujours béante, semblait prête à engloutir au moindre bruit les paravents qui, seuls, formaient tout le matériel du théâtre. C'était une mesure de précaution dans le cas, peu probable d'ailleurs, où quelqu'un du château aurait eu affaire par là. Des raquettes et des volants étaient jetés diplomatiquement sur un fauteuil pour servir également, en cas de surprise, à donner le change sur les véritables récréations de leurs altesses. Une large ligne tracée à la craie indiquait les limites de la scène et tenait lieu de barrière aux indiscrètes excursions de M. le public.

Nous avons constaté le légitime succès qu'obtint la pastorale; mais ce que nous n'avons pas dit, c'est l'impression toute particulière qu'elle produisit sur monseigneur le dauphin. Ce jour-là il remarqua pour la première fois que madame la dauphine avait de beaux yeux bleus et une jolie taille; que toute sa démarche était pleine de grâce; qu'elle débitait les vers avec talent; qu'elle avait bien profité des leçons d'Aufresnes et de Sainville, deux comédiens français qui avaient été ses professeurs de déclamation à Vienne; et qu'en somme cette petite Autrichienne, dont on lui avait dit tant de mal, pourrait fort bien être une femme supérieure par l'esprit comme par la beauté. Il observa qu'en un certain endroit de sa pièce où Agénor la pressait vivement de son amour, une larme roula dans ses yeux, et qu'elle sembla le regarder. Ce reproche muet lui alla droit au cœur, et si un reste de honte l'empêcha, à la fin de la représentation, de venir demander franchement et humblement son pardon, toujours est-il qu'il se mit dès lors à applaudir à outrance; son enthousiasme devint même si bruyant, que les acteurs furent obligés de s'interrompre pour lui recommander la modération, bien plus, on profita de cette interruption pour défendre les applaudissements au public, — c'était peut-être un moyen d'interdire les sifflets. — Quoi qu'il en fût, le dauphin dut se contenter de frapper légèrement sur la forme de son chapeau; mais cette tolérance devint bientôt une grave infraction, quand son altesse, qui exécutait d'une façon très-remarquable la marche des gardes-françaises sur les vitres, se laissa aller dans un moment d'entraînement à l'essayer et à la jouer entièrement sur la partie la plus sonore de son feutre. On se récria, on rappela les termes du décret contre les marques d'approbation; mais le prince, de son côté, prétendit qu'il fournissait ainsi d'agréables intermèdes, et tenait lieu d'orchestre. Marie-Antoinette, qui sentait qu'elle était pour quelque chose dans l'expression de ce tumultueux contentement, l'excusa un peu : elle avait parlé, on passa outre, en déclarant toutefois à l'unanimité le public incorrigible.

La réussite d'une première tentative avait engagé les augustes comédiens à poursuivre leurs essais. On mit d'autres pièces à l'étude, dans lesquelles Adrien eut naturellement son rôle. Le pauvre enfant n'appartenait plus que rarement à la terre ; ses jours se passaient dans d'ineffables extases, et ses nuits dans de folles invocations. L'image des trois princesses et de Marie-Antoinette surtout flottait incessamment devant ses yeux. Il n'osait regarder l'abîme qui le séparait de la dauphine et se surprenait parfois, l'insensé ! à vouloir lui révéler son agitation. Il se disait qu'elle comprendrait tout ce qu'il y avait d'ardeur et de poésie dans son âme ; et il rêvait une sublime et chaste communion d'idées entre celle qui devait être un jour reine de France et de Navarre, et lui, le poëte qui aurait sa royauté aussi et sa couronne.

L'hiver s'était passé au milieu de ces amusements. L'exaltation d'Adrien n'avait fait que s'accroître, et nous ne saurions dire ce qui serait advenu du flot impétueux d'amour qui battait si violemment le sein de notre jeune ami, et menaçait à chaque instant de s'en élancer, si un événement inattendu n'avait jeté tout à coup le trouble parmi ces charmants, mais dangereux plaisirs.

IV

On était au mois d'avril. Sa majesté Louis XV, qu'une promenade dans le parc avait fatiguée, rentrait au château et se retournait pour contempler les derniers rayons du soleil sur le vert tendre des arbres. Les oiseaux, qui s'inquiétaient peu de l'humeur du roi, passaient et repassaient dans les airs, en lui jetant leurs notes joyeuses et insolentes comme des rires d'enfants. Un souffle caressant et embaumé circulait dans le feuillage ; les dieux de marbre, sur lesquels la brise agitait la silhouette des branches, semblaient tressaillir d'aise et sourire au printemps ; les bosquets prenaient des teintes mystérieuses et invitaient à la causerie sur les bancs. Tout resplendissait enfin d'une joie douce et calme. On eût dit la nature en extase ; et le ciel était si transparent, que l'œil cherchait à voir Dieu à travers. Mais toute cette joie de la terre en éveil navrait l'âme du roi ; ce jour-là des pressentiments funestes l'agitaient, et, par un contraste assez ordinaire, il voyait voltiger, au milieu de ses idées lugubres, le fantôme de ses belles amours perdues et de ses félicités évanouies. Les allées qu'il venait de parcourir, les bosquets touffus dans lesquels il n'osait plus entrer, et qu'il vénérait comme les sanctuaires de ses premières illusions, avaient évoqué en lui de nombreux souvenirs ; et il montait l'escalier des grands appartements en hochant tristement la tête, comme un homme qui vient de faire des pénibles et derniers adieux.

Quand la nuit descendit, il eut peur. L'obscurité en augmentant autour de lui semblait un drap funéraire, et sa chambre un tombeau. Il sonna vivement pour faire allumer. L'éclat des bougies ramena un léger sourire sur ses lèvres ; mais il retomba bientôt dans sa mélancolie, et alors de grosses larmes soulevèrent ses paupières, et glissèrent le long de ses joues. Le pauvre roi se sentait à son déclin, et il repassait sa vie. Dans les parfums du printemps il avait retrouvé les parfums de sa jeunesse, et la comparaison des jours présents aux jours écoulés l'avait atterré. Pendant plus d'une heure il alla de son fauteuil à la fenêtre, regardant les étoiles qui brillaient comme des larmes d'argent sur une tenture de deuil, et frissonnant à la pensée qu'il avait peut-être vu le soleil pour la dernière fois. Cette disposition d'esprit n'étonnera pas dans un prince qui avait toujours vécu d'une vie sensuelle et frivole, et qui ne savait pas recevoir les impressions sérieuses. Une idée grave, en s'emparant de lui, l'accablait au lieu de le fortifier ; il ne comprenait pas la douceur des larmes ; il n'en connaissait que l'amertume.

Ce soir-là, plus abattu qu'à l'ordinaire et n'étant interrompu par personne dans ses douloureuses rêveries, il en était arrivé à d'étranges hallucinations. Il s'était rappelé cette bizarre tradition de sa famille, suivant laquelle un petit homme rouge, génie fantastique et infernal, apparait toutes les fois qu'une catastrophe menace un Bourbon ; et au moindre bruit, au moindre craquement du parquet, il relevait la tête avec effroi, s'attendant à rencontrer le regard perçant et fatal du terrible fantôme. Cependant, l'heure à laquelle il avait coutume de se rendre chaque soir chez Mesdames étant sonnée, il fit un effort sur lui-même, se leva résolûment, sembla refouler ses préoccupations lugubres, et ouvrit la porte d'un couloir secret par lequel il communiquait avec ses filles, sans traverser les grands appartements. Mais le fardeau dont il avait résolu de se débarrasser, retombait pesamment sur son cœur ; si bien qu'au lieu de se diriger à droite, du côté qu'habitaient Mesdames, il se trompa, absorbé qu'il était dans ses méditations, prit à gauche et se dirigea du côté où demeurait madame la dauphine.

A peine avait-il fait quelques pas, que le bruit d'une porte qu'on refermait brusquement devant lui se fit entendre. Il leva les yeux, et aperçut, à la lueur rapide d'une bougie qu'on éteignait, une étrange et fantastique figure. — C'était un homme d'une petite taille, dont le visage était fortement enluminé. — Il portait un manteau à raies rouges, une toque de même couleur, et avait sous le bras une longue épée. — Cette apparition dans l'obscurité et au moment où son esprit était livré à des craintes superstitieuses, lui donna le vertige. Il voulut parler, mais les mots expirèrent sur ses lèvres, et ce fut à peine si, en réunissant tous ses efforts, il parvint à murmurer : — Qui va là ? Le personnage mystérieux s'arrêta un instant ; puis, le bruit égal de ses deux pieds sur le parquet se fit de nouveau entendre ; puis le roi l'entrevit vaguement dans l'ombre qui s'avançait toujours et qui était près de le toucher. Alors une épouvante indicible s'empara de lui. Il voulut fuir, et resta cloué au parquet ; il étendit les bras par un mouvement instinctif pour repousser cette effroyable vision, et sa main rencontra l'épée ; alors il n'y tint plus, et, poussant un cri terrible, il tomba sur ses genoux, persuadé qu'il avait vu le petit homme rouge, et qu'un grand malheur allait arriver. Après quelques instants d'angoisse, il entendit les pas de son infernal messager décroître dans le lointain, puis une porte se refermer, puis rien ! et le pâle et superstitieux monarque qui avait essayé de prier, se releva, et, s'appuyant au mur, regagna sa chambre où il se jeta, à demi mort, sur un fauteuil.

Comme on peut l'avoir déjà deviné, le théâtre de madame la dauphine était pour quelque chose dans cette malencontreuse fantasmagorie ; et cette vision surnaturelle qui avait agi si violemment sur l'âme tourmentée du roi, pouvait s'expliquer très-naturellement. Voici ce qui s'était passé. La jeune troupe avait voulu se donner, ce soir-là, le plaisir de jouer les *Folies amoureuses*. A la scène de travestissement en militaire, l'épée d'Agathe ne se trouva pas. On fit de grandes excuses au public, augmenté de madame la comtesse de Provence qui n'avait pas de rôle dans la pièce ; on demanda à monseigneur le dauphin de vouloir bien exécuter sur son chapeau un de ces intermèdes qu'il exécutait si bien, et on pria M. Adrien d'être assez bon pour aller dans un cabinet qu'on lui indiqua chercher l'épée en question.

13.

Adrien, malgré la tendance séraphique de ses pensées, avait été contraint, pour cette représentation, à s'affubler du rôle et du costume de Crispin. — Disons, en passant, que le costume de Crispin, pour être exact, devait être entièrement noir, mais que la jeune troupe, peu sévère à l'endroit des traditions, avait jugé à propos pour plus de gaieté, d'adopter l'affublement bariolé de rouge de Sganarelle. Ce changement fut peut-être la cause de tout le mal qui arriva. — Notre jeune ami, sans rien déranger de sa toilette, était donc allé prendre, dans l'endroit désigné, le complément indispensable de la toilette guerrière d'Agathe. Comme il sortait du cabinet, il entendit du bruit ; et, pour ne pas être vu dans un accoutrement qui pouvait compromettre le secret jusque-là si scrupuleusement gardé, il éteignit sa bougie et chercha à regagner à tâtons la salle où se trouvaient ses augustes camarades.

Il sentit bien qu'il avait heurté quelqu'un, mais comment s'imaginer que ce pouvait être le roi ? Aussi s'inquiéta-t-il peu du cri qu'il avait entendu jeter, et rentra-t-il en scène en riant beaucoup de la frayeur qu'il venait de causer sans doute à quelque pauvre valet de chambre ; cependant il crut devoir raconter ce qui lui était arrivé. On en rit avec lui, l'intermède de monseigneur le dauphin fut interrompu, et la comédie s'acheva sans encombre.

Mais, le lendemain, le bruit se répandit dans Versailles que le roi était très-malade, et que le petit homme rouge avait paru dans les appartements ; et quand

Adrien se présenta au château, il fut introduit auprès de madame la dauphine, qui, les yeux pleins de larmes, lui dit :

— Vous ne devez pas ignorer, monsieur, combien cet incident que nous regardions hier comme une chose frivole, est devenu une chose grave aujourd'hui. Le roi, que nous avons cherché vainement à rassurer, est persuadé qu'un esprit fatal à sa famille lui est apparu. Il a le délire. Cet accident vient de hâter une maladie dont les symptômes l'agitaient déjà depuis longtemps. Sa majesté n'a peut-être plus que quelques jours à vivre, et c'est nous qui sommes la cause innocente de cet affreux malheur. Vous comprenez que c'en est fait pour toujours de nos spectacles; mais je ne veux pas qu'en nous quittant vous emportiez de moi l'idée que je puisse être ingrate. Non, j'ai désiré vous voir, pour vous dire combien j'ai appris à vous connaître; combien vous m'avez paru bon et dévoué; nous autres nous avons peu d'amis, moi surtout, moi qu'on appelle l'*Etrangère*, l'*Autrichienne*.

— Ah! madame, est-ce qu'il est possible de ne pas vous aimer!

— Je vous dis, monsieur, que dans cette cour on me calomnie; devant vous, je puis tout avouer, parce que vous n'êtes pas un homme ingrat et perfide comme les autres, et que vous ne me trahirez pas. — Eh bien! ces courtisans auxquels je n'ai pourtant fait aucun mal ont mis tout en œuvre pour me dérober la tendresse du dauphin. Mais, grâce à vous et à nos comédies, oh! je suis bien heureuse maintenant!

— Comment, altesse, grâce à moi !...

— Oui, vous ne comprenez pas cela, c'est un mystère de coquetterie !

Adrien comprenait fort bien, au contraire, que ces représentations dont il avait été la cause, et où la dauphine se réservait les rôles attrayants, avaient pu faire revenir le dauphin de ses injustes préventions sur l'esprit et sur la beauté de son épouse ; mais il ne se félicitait pas intérieurement d'avoir contribué à ce résultat. Marie-Antoinette continua : — Ce sont vos adieux que je vais recevoir, monsieur Adrien, mais permettez-moi auparavant de vous demander comment je puis m'acquitter envers vous ; si un emploi à la cour...

— A la cour ? non, j'y ai aussi des ennemis de mon bonheur ; j'y souffrirais trop, altesse, je vous remercie. Une seule de vos paroles a plus de prix pour moi que toutes les faveurs du monde. J'étais ambitieux il y a quelques mois, mais maintenant je n'ai plus d'ambition, j'ai autre chose dans le cœur qui remplira ma vie. Soyez heureuse et aimée, Madame ! si le ciel permet que vous deveniez bientôt reine de France, soyez vengée par l'amour de vos sujets des honteuses calomnies des courtisans.

Adrien suffoquait. Des sanglots soulevaient sa poitrine, et tous ses membres étaient agités d'un tremblement convulsif. Il y eut quelques minutes de silence ; puis avec un grand effort sur lui-même, notre poëte reprit :

— J'ai refusé vos offres, mais avant de rentrer dans

ma nuit, permettez-moi, madame, d'emporter un souvenir de vous, qui me soit comme une douce lumière, comme une ineffable consolation.

— Que voulez-vous dire ?

Au lieu de répondre, Adrien fléchit le genou, et leva sur Marie-Antoinette des regards si suppliants, que celle-ci, comprenant tout ce qu'il y avait d'ardeur contenue et de religieux respect dans ce jeune homme, sourit et lui tendit la main. Adrien y posa sa lèvre et y laissa, avec un baiser, une larme brûlante qui fit tressaillir la dauphine; puis il se leva et sortit en chancelant. Marie-Antoinette le vit sortir avec compassion et murmura tout bas : — Pauvre enfant! — Quant à lui, il alla se réfugier dans un endroit écarté du parc, où il pût pleurer à son aise; et quand son âme se fut un peu soulagée, il revint chez lui en se disant à chaque pas :

— Mon Dieu, je faisais un beau rêve, pourquoi m'avez-vous réveillé ?

Quelque temps après, le 10 mai 1774, une lumière posée sur une fenêtre des grands appartements, apprenait à la France que Louis XV avait cessé de vivre, et que son altesse monseigneur le dauphin devenait sa majesté Louis XVI.

On n'entendit plus parler d'Adrien ; et quand Marie-Antoinette organisa plus tard un théâtre à Trianon, on remarqua pendant la première soirée qu'elle fut préoccupée et distraite ; elle pensait à Agénor et Chloé.

Hélas! on voudrait s'arrêter ici, mais on ne peut toucher à l'histoire de Marie-Antoinette sans arriver à cet épouvantable dénoûment. — Un jour, une misérable charrette conduisit à l'échafaud la fille de Marie-Thérèse, et dans la foule, derrière le hideux cortége, marchait un homme pâle, maigri par la souffrance, les yeux fixés sur le front décoloré de la pauvre reine. Quand la voiture s'arrêta, la veuve de Louis XVI promena son regard miséricordieux sur ses bourreaux, et s'apprêta à monter courageusement à la guillotine, pour monter au ciel. Ce fut alors que cet homme à demi-mort écarta la foule autour de lui, et se mit à crier par un effort suprême :— *Vive la Reine!* — A cette voix, Marie-Antoinette tressaillit, chercha l'ami qui bravait la mort pour elle, et l'ayant vu, dit avec une expression déchirante : Pauvre Adrien ! Puis elle murmura en fermant les yeux : L'homme rouge ! l'homme rouge !

On s'empara du poëte, qui, fier d'avoir été reconnu, mourut en souriant sur l'échafaud où devait monter, plus tard, André Chénier.

Et toutes les pastorales commencées sous Louis XV se terminèrent alors ainsi.

LA DAME BLANCHE DE BADEN

I

Vers la fin du mois de janvier de l'année 1852, le grand-duc de Bade Léopold ressentit une attaque de goutte et se mit au lit. Les médecins déclarèrent que la maladie n'était pas dangereuse ; que Son Altesse, à peine âgée de soixante-un ans, d'une constitution robuste, était de force à lutter contre cette indisposition ; et après avoir prescrit les remèdes nécessaires, ils se retirèrent, parfaitement tranquilles, défendant qu'on fît circuler aucun bulletin de la santé du prince, ne jugeant pas à propos d'alarmer la cour et la population de Carlsrühe.

Mais, chose étrange, à peine le bruit se fut-il répandu que le duc Léopold était alité, qu'aussitôt des pressentiments funèbres semblèrent agiter le château et la ville ; les visages trahirent l'inquiétude, et, en dépit de l'oracle d'Epidaure, on s'alarma et on se prit à trembler pour les jours de Son Altesse. Les médecins affirmaient une guérison, mais on les écoutait en hochant la tête ; ils précisaient presque le jour qui verrait le duc rétabli et ingambe, mais on soupirait en regardant le ciel, et, dans le milieu du mois de mars, plus d'une dame de la cour préparait en secret ses vêtements de deuil, comme si la mort du prince eût été irrévocable.

Un jeune Français, témoin de ces pressentiments singuliers, qui insultaient avec tant de force aux pronostics de la faculté, exprima un jour son étonnement à madame la baronne de B...., respectable douairière, en qui l'âge n'avait pas éteint l'esprit, et qui avait tout juste assez de dévotion pour n'être pas une athée.

Mais, au premier mot, la baronne devint pensive, laissa tomber sur ses deux genoux le tricot qu'elle entreprenait avec une ardeur toute nationale, et arrêtant sur son interlocuteur un regard allangui par la tristesse et l'effroi :

— Hélas ! monsieur, répondit-elle enfin, nos craintes ne sont que trop justifiées. Voilà trois fois que la *Dame blanche* apparaît dans le château.

— La Dame blanche ?

— Oui, vous ne connaissez pas la légende ?

— Je ne connais d'autre Dame blanche que celle de Boïeldieu, répliqua en souriant le jeune Français.

— Eh bien, écoutez donc, dit la douairière de B..., en remettant ses aiguilles en mouvement. Il y avait une fois.....

Mais, avant de commencer, la baronne regarda avec finesse son interlocuteur; elle remarqua sur ses lèvres un sourire plein de moquerie.

— Vous n'êtes qu'un Français, lui dit-elle en grondant et en lui frappant les doigts de ses aiguilles, vous riez de tout; allez-vous-en ! je ne vous conterai pas la légende.

En descendant l'escalier, le jeune Français se disait :

— Je l'ai échappé belle! C'est singulier comme le préjugé national nuit au libre essor de l'esprit ! Cette vieille baronne est une des plus jeunes, des plus charmantes imaginations, et pourtant elle allait m'assassiner de quelque ténébreuse légende locale. Cette femme-là est une élève du dix-huitième siècle; elle croit à peine en Dieu, mais elle croit au diable; elle m'eût crevé les yeux avec ses aiguilles à tricoter, si, après son récit, j'avais conservé quelque doute. Pourquoi aussi m'aviser de prendre des renseignements sur une superstition, auprès d'une vieille douairière, qui est trop Allemande pour ne pas être superstitieuse ?

Et le jeune Français continua sa route en fredonnant le fameux refrain de l'opéra :

> Prenez garde !
> La Dame blanche vous regarde.

Il se heurta, à l'angle d'une rue, contre un de ses amis, jeune Badois, étudiant la diplomatie.

— Parbleu ! se dit-il, voilà mon affaire ! celui-là doit être au-dessus du préjugé.

Et après les étreintes ordinaires en pareille rencontre :

— Avez-vous vu la Dame blanche? demanda-t-il au nouveau venu.

Le jeune Allemand répondit avec un grand sérieux :

— Je ne l'ai pas vue ; mais un de mes oncles, chambellan du duc, l'a rencontrée dans une galerie du château.

Notre Français était confondu.

— Comment! se disait-il tout bas, et lui aussi croit à la légende! C'est bien la peine d'être apprenti diplomate! — Quel air avait-elle, cette redoutable apparition? ajouta-t-il en souriant.

— Vous n'avez pas vu son portrait ?

— Quoi! la dame mystérieuse a eu la précaution de se faire peindre ?

— Sans doute, et le duc, qui va mourir, avait eu soin de faire enlever ce portrait du château de Baden-Baden, tant il avait peur, l'été, quand il habitait cette résidence, de rencontrer ce visage sinistre. Il l'a fait apporter ici dans le garde-meuble de la couronne. Hélas! la Dame blanche se venge.

— Au revoir, mon cher, interrompit le Français, en serrant fortement les mains de son interlocuteur.

Le Badois se trompa à cette démonstration, qui voulait dire, selon lui : pauvre duc! pauvre duché! pauvre Dame blanche! tandis qu'en réalité cette pression était une raillerie qui signifiait : pauvre garçon !

— Décidément, murmurait notre jeune sceptique, le grand-duc manquera à tous les égards qu'il doit aux légendes de son pays, s'il guérit de son mal.

La pensée de visiter un médecin du château qu'il connaissait un peu, sembla piquante au voyageur français. Il trouva le docteur sombre et préoccupé.

— Comment va le duc ? lui demanda-t-il.

— Assez bien, répondit le médecin, et cependant !...

— Est-ce que par hasard, docteur, vous croiriez aussi à la Dame blanche ?

— Je n'y crois pas, mais cela n'empêche pas les autres d'y croire, et le prince finira par deviner le secret de ces sympathies alarmantes qui l'entourent. Dans sa disposition d'esprit, il n'en faut pas davantage pour troubler le cerveau. Ah ! je voudrais envoyer au diable tous ces inventeurs de diableries, de sortiléges, et la première fois que je me trouverai en face du portrait de la Dame blanche, je lui passerai ma canne à travers les yeux. Ce serait dommage, pourtant, car cette femme est belle !

— Vraiment ! fit le Français, que le dépit du docteur affriandait plus que la foi naïve qu'il avait rencontrée jusque-là.

— Comment ! vous n'avez pas encore vu le portrait de la Dame blanche, et il n'est question que d'elle depuis deux mois bientôt ?

— Je crois, docteur, que je ne pourrai guère me dispenser d'aller rendre visite à ce tableau, en attendant que je me fasse raconter la légende.

— Oh ! la légende est absurde, dit le médecin, avec le geste et le sourire d'un esprit fort ; mais le portrait est superbe ! Quels yeux ! quel teint ! Je vais au château ; si vous voulez, je vous conduirai, et nous irons présenter nos hommages à la Dame blanche de la maison de Baden.

— J'accepte, dit le Français.

Pendant la route, le médecin s'étendit longuement sur la maladie du duc Léopold. Il démontra d'une façon péremptoire la pusillanimité des Badois ; il déchira avec des arguments furieux les voiles lugubres dont on enveloppait l'horizon ; il se moqua avec tant d'acharnement de la légende et de ceux qui y croyaient, que le jeune Français finit par conclure qu'en dépit de sa raison et du témoignage de la science, le savant avait un peu peur de la vision populaire.

Au château, ils se séparèrent pour une heure. Le docteur alla visiter son illustre malade qu'il trouva aux mains de plusieurs de ses collègues ; une consultation des plus rassurantes fut rédigée et signée. Avant huit jours, le grand-duc Léopold devait pouvoir sortir et voyager.

En rejoignant le jeune Français, le docteur affectait une grande gaieté.

— Tout va bien ! s'écria-t-il ; en dépit des fantômes, nous triompherons. Je puis voir maintenant sans peur le portrait diabolique.

— N'emportez pas pourtant votre canne, ce sera plus prudent.

— Ne craignez rien ; je défie toutes les Dames blanches du monde.

On arriva au garde-meuble. Il ne fut pas facile à nos deux curieux de se faire montrer le portrait en question. Le grand-duc avait manifesté une si vive répugnance pour cette image, la dernière fois qu'il l'avait aperçue, qu'on l'avait fait immédiatement disparaître, l'enfermant sous une triple serrure. Mais à Bade, comme à Paris, il n'y a pas de serrures sans clef, de clef sans gardien, de gardien sans entrailles, et la curiosité du jeune Français sut faire luire des arguments qui triomphèrent de toutes les répugnances. La mystérieuse armoire fut ouverte, on en sortit un portrait qui avait près de quatre pieds de hauteur.

Le jeune Français poussa une exclamation et se prit à admirer. Sur un fond obscur, que le temps avait encore assombri, se détachait une figure d'une beauté sinistre; elle était pâle, et ses lèvres, d'une grâce enchanteresse, s'entr'ouvraient, comme une fleur de pourpre au milieu d'un bouquet de lis. Ses cheveux, d'un noir de jais, étaient relevés et noués dans une coiffure du quinzième siècle.

Ses deux mains, sur lesquelles on voyait courir des veines bleues, étaient croisées sur le dossier d'un fauteuil; sa robe était noire, bordée de fourrures. Un écusson, au-dessus duquel deux ours soutenaient une couronne de comte, brillait dans un coin du tableau. Rien de plus simple, de plus sévère que ce portrait; mais tout son charme, je devrais dire toute son horreur, consistait dans les yeux fixes et pénétrants avec lesquels la dame inconnue regardait. On eût dit que le peintre avait troué la toile et mis une flamme véritable à l'endroit de la prunelle.

Sous d'épais sourcils décrivant un arc irréprochable, une clarté singulière et inflexible semblait lancer horizontalement des rayons qu'on ne pouvait éviter. Une force magnétique ramenait toujours l'attention vers ce front de marbre abritant ces deux lampes funèbres. Il y a au Musée du Louvre un sombre portrait de Raphaël qui exerce la même fascination. Les yeux attirent, et de quelque part qu'on regarde, on est inquiété, tourmenté par ces deux étincelles immobiles et pénétrantes.

Le portrait de la Dame blanche de Baden, dû à quelque inconnu de génie, peut-être bien à un de ces peintres médiocres qui ont une heure d'inspiration sublime dans leur vie, était un chef-d'œuvre de fierté, de tristesse, de beauté ; mais, à mesure qu'on étudiait cette physionomie fatale, l'énigme se déchiffrait. Cette lèvre, si admirable dans son dessin, semblait frémir au souffle des passions terrestres ; cet œil sans larmes, s'il brillait comme l'acier, était dur comme lui ; cette pâleur était un suaire et non pas un voile.

Le jeune Français était plongé dans une extase mêlée d'effroi. Il sentait son cœur battre à l'aspect de cette triste et royale beauté. Il la trouvait, idéale comme Ophélie, terrible comme lady Macbeth ; il flottait entre l'amour et la terreur.

Le médecin, qui, de son côté, avait regardé avec une attention non moins profonde, quoique un peu railleuse, le portrait de la Dame blanche, frappa sur l'épaule du Français et lui dit :

— Eh bien ! qu'en pensez-vous ?

Le jeune homme tressaillit, et cherchant à dissimuler son émotion :

— Je pense, répondit-il, que voilà une admirable femme, un peu pâle, mais dont les yeux et la bouche annoncent qu'elle avait l'esprit fier et le cœur ardent. Que de passions sur ces lèvres ! quel infini dans ces regards !

Le docteur hocha la tête.

— De belles phrases à propos d'une exécrable femme ! Pas tant d'entraînement, mon jeune ami ! Ce que vous lisez dans ces yeux, c'est le meurtre ; ce que vous admirez sur ces lèvres écarlates, c'est le sang répandu. Votre héroïne est un monstre. Je sais bien que vous autres Français, quand vous ne guillotinez pas ces êtres-là, vous leur dressez un piédestal et leur décernez l'auréole du génie. Mais il vous serait difficile pourtant de poétiser la Dame blanche.

Avons-nous besoin de dire que le jeune Français écoutait le docteur avec impatience ? Il désirait maintenant, avec autant d'ardeur qu'il avait montré jusque-là de défiance, le récit de cette fameuse légende qui secouait tant de pressentiments sur le château du duc de Bade.

Il sentait palpiter un intérêt vague au fond de cette histoire lugubre, et nous sommes contraint d'avouer que le crime même dont la Dame blanche avait pu se rendre coupable était un excitant énergique pour sa curiosité ; tant il est vrai que nous avons tous, plus ou moins, la passion de l'horrible, et que certaines épouvantes sont la source des plus vives jouissances de l'esprit.

Le docteur vit le désir de son compagnon, et passant son bras sous le sien :

— Ne vous échauffez pas trop l'imagination, mon jeune ami, lui dit-il, il n'y a rien de bien intéressant. En deux mots, voilà l'histoire.

— En deux mots ! s'écria le Français. Merci, docteur, vous êtes trop bref ; vous n'êtes pas d'ailleurs assez désintéressé dans la question pour parler de la Dame blanche en conteur impartial ; je me défie de vous.

Et dégageant son bras de celui du médecin, il courut chez la baronne de B...

Il la retrouva dans le même fauteuil, sous le même rayon de soleil, travaillant au même tricot. Dès qu'elle l'aperçut :

— Qui vous ramène, monsieur l'incrédule ?

— C'est le repentir et la foi, répondit le jeune Français, en envoyant du seuil de la chambre un salut plein d'humilité et de supplication.

La vieille baronne sourit, regarda de côté son pénitent, fut assez satisfaite de sa componction, et dégageant un petit tabouret de tapisserie, enfoui sous les plis de sa douillette :

— Venez vous agenouiller là, dit-elle, et confessez-vous ; si vous faites preuve de contrition, je vous absous.

— Et vous me raconterez la légende ?

— Parbleu !

Le jeune homme vint se précipiter aux genoux de la douairière, avec une vivacité dont elle s'amusa.

— C'était ainsi autrefois, murmura-t-elle avec un soupir; on s'agenouillait là, mais pour faire des contes, et non pour en entendre! Bah! ce passé est aussi une légende, et vous n'êtes pas ici pour écouter mes soupirs.

Le jeune Français fit part de sa visite au portrait, de ses impressions et de son ardente curiosité.

La baronne enroula gravement son tricot, tira d'une petite bonbonnière en ivoire, ornée d'un magnifique portrait, quelques morceaux de réglisse qu'elle glissa entre ses lèvres, se renversa dans son fauteuil, toussa un peu, ramena ses mitaines sur ses doigts et commença ainsi :

II

Il y avait une fois un jeune margrave de Bade, très-beau, très-savant et très-bon. Ce jeune prince, comme on en voit guère, n'avait qu'un défaut : il était d'une tristesse insurmontable, d'une mélancolie que rien ne dissipait. Son père et sa mère, qui contemplaient avec orgueil cet unique rejeton de leur race, se demandaient quels désirs creusaient des abîmes dans le cœur de leur enfant.

Mais le margrave ne souhaitait rien et n'aimait personne. J'entends qu'il n'aimait pas autrement qu'avec sa piété filiale ; car jamais fils ne fut plus soumis aux volontés de ses parents, dont il recevait les conseils avec une humilité parfaite. Vous voyez que le prince était décidément un prince fort extraordinaire.

Un jour le margrave fut conduit par les deux vénérables auteurs de ses jours dans une charmille du parc, et là, sous l'œil du bon Dieu, loin des courtisans importuns et des valets curieux, on voulut sonder la plaie mystérieuse qui saignait au cœur du jeune homme. Il se prêta avec docilité à cet examen; mais il lui fut impossible de confesser le moindre secret. A chaque question, le margrave répondait qu'il n'avait rien, qu'il ne désirait rien, que l'ennui pesant dont il souffrait se dissiperait sans doute, et qu'il n'avait autre chose à demander au Ciel que la continuation des jours calmes et sereins de ses parents. Un baiser respectueux compléta cette réponse, et les deux augustes vieillards, après avoir béni leur fils, rentrèrent au château, bien embarrassés, mais bien émus d'une tendresse si exemplaire, d'une innocence si parfaite.

Cependant la nuit inspira aux vieillards la pensée d'une guérison, et, dès qu'il fut jour, on appela de nouveau le mélancolique margrave.

— Mon fils, lui dit son père, nous avons décidé que vous voyageriez. J'ignore les desseins de Dieu sur nous; mais il se peut que nous allions bientôt rejoindre nos aïeux sur l'oreiller de marbre des caveaux de la famille. Vous pouvez être tout à coup appelé à régner. Il est donc essentiel que vous soyez préparé à ce grand événement. Or, la tristesse dont vous êtes la proie est une mauvaise disposition pour gouverner. Que sera-ce donc, mon fils, quand vous verrez l'envers de la nature humaine et l'intérieur des consciences? Je ne veux pas que vous soyez misanthrope, j'aime trop mes sujets pour leur léguer un tyran ou un incrédule; il faut songer à vous guérir. Je pense que les voyages vous seront l'occasion de vous distraire, en achevant de vous instruire. On se connaît mal quand on ne s'est pas vu dans plusieurs miroirs; de même, on n'entend rien à l'humanité quand on n'est pas sorti de soi-même. Allez donc, mon fils, étudier les hommes dans leurs divers pays. Vous êtes prudent; je n'ai pas de conseil à vous donner, je vous bénis...

Le vieux prince ne raisonnait pas trop mal pour un simple prince allemand. Le remède était bon. Le margrave consentit à en essayer. Il fit ses paquets avec docilité, n'oublia pas d'emporter un Plutarque et un Sénèque, dont il lisait parfois, pour s'entretenir l'esprit en appétit du bien, dérouilla son épée qu'il suspendit à son côté, embrassa tendrement son père, sa mère, s'inclina sous leur bénédiction, et partit.

Sur le seuil du château, la mère, qui avait suivi son fils, le serra encore une fois dans ses bras, et le retenant un instant sur son cœur, lui murmura aux oreilles ces exhortations suprêmes qui jaillissent toujours du sein maternel, multipliées par les angoisses de la séparation.

— Mon fils, lui dit-elle à voix basse, rapportez votre cœur de vos voyages; quelle que soit l'occasion qui vous tente, rappelez-vous qu'un fils respectueux doit faire bénir son hymen par sa mère et par son père, et qu'un prince de la maison de Baden ne doit point offrir son blason dans un bouquet.

Le margrave sourit, rougit, embrassa trois fois encore sa mère attendrie, monta à cheval et partit au galop pour son tour d'Europe.

Il alla en France, en Italie, en Espagne, dans tous les pays du soleil, de la poésie et de l'amour; mais la gaieté de ces régions privilégiées, loin de dissiper la mélancolie du jeune voyageur, épaississait au contraire le voile lugubre qui l'enveloppait. Son cœur repassait les frontières, libre et insensible comme il les avait franchies d'abord; quant à son esprit, il s'enrichissait à chaque excursion nouvelle d'un désenchantement de plus.

Le nord convenait mieux au caractère rêveur du margrave. Il se dirigea vers ces contrées mélancoliques, et ce pâle soleil semblait plutôt le vivifier et l'épanouir que les chauds rayons de Naples, de Venise, de Madrid, de Paris.

Un jour, en Danemark, le jeune prince se promenant seul, à cheval, dans la campagne, s'égara. Après des efforts infructueux pour retrouver son chemin, comme la nuit s'avançait, il se hasarda à demander l'hospitalité dans un château dont il avait admiré, quelques instants auparavant, la position merveilleuse au bord d'un lac.

Un vieux majordome vint prendre la bride du cheval du margrave et apprit à ce dernier qu'il était chez la comtesse Olamünde, jeune veuve, qui, depuis la mort de son époux, vivait dans une retraite absolue, et n'allait plus à la cour. Le margrave sollicita l'honneur d'être présenté à la comtesse, et le vieux domestique le conduisit sur une terrasse où celle-ci respirait la fraîcheur du soir, assise entre ses deux enfants.

Jamais le margrave n'avait vu de femme aussi belle que la comtesse Olamünde ; jamais dans ses rêves, il n'avait imaginé un front aussi pur, des yeux aussi pénétrants, des cheveux aussi noirs ; il voyait combinées dans une seule ces deux beautés si différentes : la blancheur lactée des femmes du nord, l'éclat du regard et les cheveux d'ébène des femmes du midi ; tout cela harmonié par une langueur, par une tristesse charmante qui enlevait aux prunelles ce qu'elles auraient eu de trop vif, et qui donnait à la pâleur un sens énergique plein de pensées mystérieuses.

Je ne veux pas vous ménager de surprises, ni me lancer dans des analyses de sentiment fort inutiles pour ce que vous voulez savoir. Vous devinez, sans avoir la pénétration d'Œdipe, que le margrave devint amoureux de la comtesse Olamünde : en pouvait-il être autrement ?

Vous qui avez vu son merveilleux portrait, ne comprenez-vous pas avec quelle violence le cœur de ce jeune contemplateur allemand dut tout à coup s'épanouir aux regards de cette femme étrange, en répandant des parfums sévèrement enfermés !

Si jamais passion fut rapide, foudroyante, ce fut celle-là. En posant le pied sur la terrasse et en apercevant aux derniers reflets du soleil couchant la comtesse assise et fouillant du regard les espaces infinis, le jeune margrave sentit une source jaillir en lui. Une voix se-

14.

crète lui dit : « C'est elle que tu cherchais ! » Par une révélation instantanée, il comprit que le secret de sa tristesse était là, et que toute sa mélancolie était le désœuvrement de son cœur. Désormais il allait vivre.

Il s'approcha lentement et avec respect, n'osant interrompre la méditation profonde qui absorbait la pensée de la comtesse. — Hélas ! se disait le jeune margrave, elle songe peut-être à son époux !

Et le prince se sentait jaloux de ce souvenir donné à un mort.

Mes priviléges de conteuse me permettent de vous avouer que la comtesse songeait bien plutôt à l'époux inconnu que lui réservait l'avenir ; et c'est ici l'occasion de vous dire, sans réticence, quelle était l'âme qui se consumait dans ce transparent albâtre, et dont on voyait la lueur monter jusqu'aux plus beaux yeux du monde.

La comtesse Olamünde était ambitieuse. Descendante d'une famille royale, que les révolutions avaient transplantée loin du trône, elle vivait avec la pensée incessante de relever sa race, de remonter les échelons descendus, et de mêler un jour l'or de quelque couronne princière à l'ébène de ses cheveux.

Le comte Olamünde, son premier époux, était un fort modeste gentilhomme, incapable de comprendre l'immense ambition de sa femme, et ayant la simplicité de croire qu'une fortune suffisante, avec deux beaux enfants et une conscience tranquille, était une part assez belle, en Danemark comme ailleurs, pour qu'on s'en contentât.

Après avoir souffert pendant dix ans des mécomptes suscités par un époux si peu fait pour l'aider dans son œuvre, la comtesse Olamünde était devenue veuve. Je n'affirme pas que le défunt ait été pleuré ; il mourut même si à propos, que des esprits méfiants auraient pu accuser de cette coïncidence quelqu'un de plus responsable que le hasard. Mais, la réputation de vertu de la comtesse et la santé depuis longtemps chancelante du comte parurent, en Danemark, des raisons plausibles qui déroutèrent les soupçons, si l'on peut admettre que des soupçons se soient élevés au sujet de cet événement. Quoi qu'il en fût, pleuré ou non, le comte Olamünde eut des obsèques grandioses, un cénotaphe de marbre gigantesque, avec une inscription latine ; et s'il est vrai que la mort ne soit que la vie humaine vue à l'envers, le défunt dut convenir, en jouissant d'un monument si magnifique, qu'il y avait pourtant quelque chose d'assez agréable dans les visées ambitieuses de son épouse.

La comtesse Olamünde considérait le veuvage comme une transition entre les désappointements de son premier hymen et les espérances d'un second.

Aussi, le soir que le margrave vint demander l'hospitalité, la belle veuve était-elle plongée dans une contemplation ardente, et cherchait-elle son étoile à travers les nues. Ramenée vers la terre par l'arrivée de l'étranger, ce fut sans désappointement, ou plutôt, ce fut avec un tressaillement de joie et d'orgueil qu'elle vit ce beau jeune homme respectueusement incliné, et qu'elle l'entendit énoncer son nom et ses qualités. La comtesse enveloppa le margrave d'un regard rapide, et satisfaite de cet examen, amena sur ses lèvres le plus éblouissant sourire qui ait jamais fait rêver un poëte.

Ce serait ici l'occasion de vous jouer un de ces beaux airs que la jeunesse joue si bien ; mais mes vieux doigts se sont roidis à tricoter, et pinceraient mal cette corde enchanteresse. Que votre imagination vienne donc en aide à mon cœur stérilisé. Représentez-vous cette belle soirée, cette terrasse, la comtesse Olamünde avec les deux yeux que vous lui connaissez et les ambitions qui l'agitent, le jeune margrave avec sa candeur, sa naïveté; songez aux entretiens sublunaires de Roméo et de Juliette ; invoquez, évoquez tous les gracieux fantômes que le souffle des nuits promène sur les terrasses des châteaux, au bord des lacs, et vous suppléerez sans peine à l'élégie dont je me dispense.

Qu'il vous suffise de savoir que le margrave fut si bien reçu au château de la comtesse Olamünde qu'il revint le lendemain et les jours suivants; et, quinze jours après leur première entrevue, le margrave et la belle veuve s'élançaient par la pensée, dans les mêmes régions idéales sur le même char ailé. Mais, à mesure que cette intimité développait dans le cœur du jeune prince un de ces sentiments éternels qui ne s'éteignent qu'à la mort, la gaieté allumait ses regards, l'esprit allégeait son front ; il souriait à la nature et à la vie, et allait avec une merveilleuse candeur au-devant de toutes les illusions. L'amour de la comtesse Olamünde, au contraire, était une flamme qui lui creusait le visage et promenait des réverbérations sinistres sous les arcades de ses grands yeux.

Un soir qu'ils étaient tous deux sur la terrasse, le margrave laissa déborder son émotion, et, annonçant à la comtesse son prochain départ pour Carlsrühe, lui peignit en termes touchants ses regrets et ses espérances.

— J'ai fait un beau rêve, madame, dit-il en terminant ; s'il dépendait de moi de le changer en réalité, Dieu m'est témoin que le plus beau jour de ma vie serait celui où je vous ramènerais margrave de Bade dans le château de mes pères.

Les yeux de la comtesse Olamünde lancèrent des étincelles, sa lèvre frémit.

— Et qui peut donc empêcher la réalisation de ce beau rêve? répondit-elle avec une sombre énergie.

— Hélas ! reprit le margrave, *il y a quatre yeux qui s'opposent à ce bonheur.* Tant que ces quatre prunelles réfléchiront l'azur du ciel, notre union est impossible.

— Et si ces yeux importuns s'éteignaient ? demanda la comtesse avec un tremblement terrible et d'une voix étranglée.

— Si ces quatre yeux étaient clos, reprit avec tristesse le margrave, vous seriez ma femme.

— Je serai duchesse de Bade ! s'écria la comtesse Olamünde avec un éclat sauvage.

Le prince la regarda avec étonnement, chercha à comprendre ce qui se passait dans ce cœur ténébreux ; puis trouvant sans doute en lui-même une explication selon ses désirs :

— Oui, comtesse, lui dit-il, avec une voix émue et en lui baisant la main, oui, vous serez margrave ! Adieu, je reviendrai... J'emporte la foi et du courage.

Le margrave partit ; et la comtesse, penchée sur sa terrasse, le suivit de loin avec de sombres regards. Quand il eut disparu entièrement dans les brumes du chemin, madame Olamünde se leva, aussi blanche qu'un spectre.

— Je serai duchesse de Bade, répétait-elle avec fierté, en croisant ses bras sur sa poitrine ; mais avant cette joie...

Comme on lui amenait alors ses deux enfants pour le baiser du soir, la comtesse repoussa avec effroi ces deux innocentes créatures.

— Pourquoi ne dorment-ils pas déjà ? dit-elle avec violence. Pourquoi ces quatre prunelles sont-elles si brillantes, si éveillées à cette heure ! Qu'elles se voilent! qu'elles s'éteignent ! je ne veux plus les voir.

Et, agitant ses bras, comme si elle eût voulu se débarrasser de serpents qui les mordaient, la comtesse s'enfuit de la terrasse ; elle ne se coucha pas de la nuit, et erra dans le château. Il est probable qu'elle n'alla pas rendre visite, dans toutes ses courses, au lit de marbre du comte Olamünde.

III

Deux mois se passèrent. Le margrave de Bade revint en Danemark ; il se hâtait. Il apportait une bonne nouvelle, et son cheval n'allait pas au gré de son impatience. Une transformation complète s'était opérée en lui : le rêveur débile s'était épanoui en cavalier charmant et robuste ; le bonheur avait relevé son front, éclairci son visage ; et l'espérance débordait de son regard.

A la dernière ville qui précédait le château de la comtesse, le jeune voyageur fit halte et se recueillit. Il portait tant de joie, qu'au moment d'arriver, le fardeau lui semblait pesant ; il avait tant de choses à dire à la comtesse, qu'il avait besoin de mettre de l'ordre dans ses idées. Il quitta ses poudreux habits de voyage, et se parant, comme pour des fiançailles, il se remit en route avec un tel battement de cœur, qu'il était obligé de s'arrêter souvent, craignant de suffoquer.

A une lieue du château, le margrave rencontra le vieux majordome qui lui avait tenu la bride lors de sa première visite ; il était en deuil, marchait le front baissé et portait un paquet sous le bras.

— Eh ! mon brave homme, où allez-vous ainsi ? demanda le voyageur, qui s'alarma des habits et de la mine lugubres du vieux serviteur.

Le majordome releva la tête, reconnut le margrave et

pâlit, mais il ne répondit rien ; le jeune homme insistant et demandant des nouvelles de la comtesse, il murmura:

— Monseigneur, la comtesse vous attend.

Et, sans vouloir ajouter un mot, poussant un profond soupir, il continua sa route.

— C'est étrange, se dit le margrave, saisi d'un pressentiment lugubre, serait-il arrivé quelque malheur au château ?

Comme il apercevait une auberge, il s'arrêta, fit donner une mesure d'avoine à son cheval devant la porte, et voulut interroger l'aubergiste.

Au premier mot, l'hôte tressaillit, regarda fixement le voyageur et répondit :

— Vous êtes celui qu'on attend au château ; vous n'avez pas besoin alors de vous arrêter si près du but!
Et, avec une vivacité empreinte d'une sorte de terreur superstitieuse, l'aubergiste alla retirer le cheval de la mangeoire, lui remit la bride et ferma sa porte, ne voulant pas répondre au margrave qui l'appelait pour le payer.

Cette fois, le jeune prince se sentit pris d'épouvante ; il partit au galop. Bientôt il aperçut le château de la comtesse. La grille était ouverte ; deux enfants du village étaient assis sur le bord du fossé ; au bruit du cheval, ils se levèrent et prirent leur course, en poussant des clameurs, comme à l'approche d'une vision sinistre.

Le margrave franchit la porte d'un bond : les quatre fers de sa monture firent jaillir quatre étincelles du pavé. Il appela, mais personne ne vint ; il attacha alors son cheval à un anneau de la porte. La cour, les vestibules, tout était désert. Le margrave monta l'escalier qui conduisait à l'appartement de la comtesse. Il avait peur de se heurter à un cercueil. La mort planait si visiblement sur cette maison, changée en sépulcre, que le jeune prince s'attendait à trouver celle qu'il aimait dans les plis du linceul. Au sommet de l'escalier, il s'arrêta, appuya ses deux mains sur son cœur pour en comprimer les battements, adressa une courte oraison au Dieu qui bénit les purs sentiments, puis il pénétra dans l'appartement de la veuve.

Après avoir traversé plusieurs chambres aussi abandonnées que le reste de la maison, il parvint à une pièce retirée, et un gémissement qui le fit tressaillir l'avertit qu'il n'était plus seul. La comtesse Olamünde, accroupie plutôt qu'assise dans un grand fauteuil, les mains dans les cheveux, les regards attachés devant elle, semblait concentrée dans une de ces douleurs insensées et farouches qui ne trahissent que des sentiments surhumains ou des remords. Une obscurité presque complète régnait dans cette chambre; les rideaux étaient baissés, les volets à demi fermés.

Entendant des pas sur le plancher, la comtesse dressa la tête.

— Qui est là? demanda-t-elle d'une voix si troublée que le margrave eut peine à la reconnaître.

Le prince s'avança alors jusqu'à la comtesse, et, prenant ses mains inondées d'une sueur froide, il fléchit le genou avec une piété recueillie, et dit doucement :

— Salut à la margrave de Bade !

La comtesse poussa un cri, se jeta sur les rideaux qu'elle fit voler sur la tringle, écarta brusquement les volets, et reconnaissant dans un flot de lumière celui qu'elle attendait depuis si longtemps, se précipita sur lui, comme sur une proie, et l'étreignit à l'étouffer, en murmurant :

— C'est toi, tu viens bien tard !

Le prince fut frappé du changement opéré dans le visage de la comtesse. Ses orbites s'étaient creusées; elle était d'une pâleur de spectre, et une flamme sinistre vacillait dans son regard.

— Qu'avez-vous, madame, s'écria-t-il, vous souffrez ?

— Ce n'est rien, dit-elle, avec un éclat de rire qui retentit dans les chambres désertes ; je t'attendais, et je ne t'espérais plus ; mais, te voilà ! Oh ! je vais oublier !

— Vous êtes bien seule, madame ?

— Tu crois? Ah ! j'avais peur pourtant d'entendre *revenir* quelqu'un.

— Que s'est-il donc passé? pourquoi cet abandon?

— Ce qui s'est passé? ne le sais-tu pas? Ah ! je te le dirai en route... Mais fuyons, fuyons ! Tu viens me chercher, n'est-ce pas? Je suis ta fiancée ; rien ne s'oppose plus à ce que je sois ta femme : les yeux jaloux qui te faisaient peur sont éteints.

— Dieu soit loué ! comtesse, interrompit vivement le margrave, ces quatre prunelles réfléchissent toujours le ciel ; mais elles m'ont souri en accédant à mon vœu le plus cher.

— Que dis-tu là ? ces yeux, ces flambeaux, ces quatre paupières vivent encore ? tu les as vues ?

— Pourquoi ce trouble, cet égarement ?

— Oh ! je suis bien certaine pourtant de les avoir vues se fermer pour jamais !

— Que dites-vous ? mon Dieu !

— Rien, partons ! Tu le vois, margrave, on savait que j'allais partir et l'on m'a abandonnée. Viens, viens ; ton cheval est en bas, il piaffe d'impatience ; tu m'emporteras en croupe.

Et la comtesse, avec une violence qui trahissait de folles terreurs, entraînait le margrave. Ce dernier, ébloui, fasciné, mais cédant avec une sorte d'effroi qui remplaçait la confiance, se laissait conduire ; il retrouva le cheval sous la porte, prit la comtesse dans ses bras et se mit en selle.

Au moment de secouer la bride, une idée lui vint :

— Nous oublions vos enfants, madame, où sont-ils?

La comtesse se tordit dans les bras du margrave, comme un serpent jeté sur un brasier ; elle le regarda avec des yeux effarés, en posant sa main frémissante sur son épaule. Il renouvela sa question ; elle répondit, les dents serrées, avec un sifflement :

— Tu demandes mes fils ! mais ne m'as-tu pas dit que leurs yeux ne pouvaient contempler notre bonheur?

— C'étaient les yeux de mon père et ceux de ma mère que je redoutais pour vous, non ceux de vos enfants, madame... Et mon père et ma mère ayant consenti à notre mariage...

La comtesse l'interrompit en poussant un cri effroyable.

— Tu mens! dit-elle avec délire; tu mens, c'est impossible! je n'aurais pas été en vain mère sacrilége et dénaturée!...

Le margrave comprit tout.

Il écarta les bras avec horreur. La comtesse glissa à terre ; mais se redressant aussitôt, elle se cramponna à la selle, aux étriers, aux mains du prince, en poussant des gémissements entrecoupés.

Quant à lui, glacial, terrible, ne trouvant aucun mot, aucun cri pour l'effroyable déchirement de son âme ; inflexible comme la malédiction de Dieu, pâle comme un fantôme, il repoussa du pied l'infanticide, qui s'élança en rugissant dans le château ; puis, faisant jaillir le sang de son cheval sous ses deux éperons, il franchit la grille ventre à terre...

Le chemin tournait autour du manoir; en passant au galop près du lac, le margrave aperçut la comtesse penchée en dehors de la terrasse, une brise lui apporta ces paroles lancées avec toute l'énergie du désespoir :

— Margrave de Bade, il y a malgré toi un pacte de sang entre ta race et la mienne! je suis à toi pour l'éternité !

Puis on vit la comtesse étendre les bras et s'élancer; les eaux du lac s'agitèrent ; le prince poussa un cri et voulut courir au secours ; mais il pensa qu'il ne devait pas disputer cette criminelle au jugement d'en haut.

Le margrave revint dans le duché de Bade, pour y

mourir après quelques mois de langueur. Le remords du crime dont il était innocent l'écrasait et le conduisit au tombeau. Par une fantaisie singulière, il voulut avoir dans sa chambre, près de son lit, le portrait de la comtesse Olamünde. On envoya chercher en Danemark ce tableau magnifique que vous avez admiré. Quelques jours avant sa mort, le jeune margrave affirma avoir vu la comtesse. Ses parents en larmes voulurent lui persuader que c'était une hallucination de la fièvre, mais il persista, et dit à son vieux père qui cherchait à le rassurer :

— Vous la verrez, vous aussi, mon père!

En effet, quand le vieux duc mourut, quelques années après son fils, il affirma également avoir rencontré dans le château le fantôme de la comtesse Olamünde. Depuis, c'est une tradition de la maison de Baden que quand un prince de la famille va mourir, la Dame blanche lui apparaît; et vous ne douterez plus désormais de la réalité de nos pressentiments, ajouta la douairière, quand vous saurez que la comtesse Olamünde a été aperçue trois fois depuis la maladie de son altesse Léopold...

IV

En achevant son récit, la baronne de B... déroula son tricot, remit les aiguilles en mouvement, et attendit les impressions du jeune Français. Comme celui-ci ne disait rien, la douairière lui demanda à quoi il pensait.

— Je cherche la moralité de ce conte, répondit-il.

— Voyez-vous le sceptique! dit-elle en riant, il prend notre histoire nationale pour une imitation de la Barbe-Bleue.

— Non pas, madame; je sais que tous les châteaux royaux ont de ces hiboux dans leurs corniches, et que par certaines nuits ces oiseaux lugubres agitent leurs ailes dans les grandes salles. En France, c'est le petit homme rouge des Tuileries; en Prusse, c'est la balayeuse; en Norwége...

— Assez! assez! dit la douairière, dont le patriotisme était choqué, et qui tenait trop à l'originalité des légendes badoises pour consentir à les voir confondues avec toutes les superstitions du même genre.

Le jeune Français se tut, et après quelques remercîments, parla d'autre chose. Cependant, au moment de prendre congé de la baronne, il s'approcha d'elle et lui dit en lui baisant la main :

— J'ai trouvé la moralité de votre légende.

La douairière de B... haussa les épaules.

— Voyons la découverte !

— Votre récit démontre clairement que les jeunes gens s'exposent aux plus grands dangers quand ils veulent épouser des veuves qui ont des enfants.

La baronne lui tourna le dos, et lui garda rancune pendant trois jours. Au bout de ce temps, elle consentit à lui pardonner, sur son attestation solennelle qu'il croyait fermement à l'apparition de la comtesse Olamünde. Cette réponse n'était qu'une politesse faite à l'hospitalité, et nous devons déclarer que le Français revint en France aussi peu superstitieux qu'au départ.

Quant au grand duc Léopold, il était trop parfait Allemand pour donner tort à la légende nationale; aussi mourut-il ponctuellement à la fin d'avril 1852, en dépit de l'assurance des médecins, et pour la plus grande gloire de la Dame blanche.

FRANÇOIS GIRARDON

I

L'histoire des hommes qui se sont illustrés dans les arts devrait toujours renfermer ces deux conditions d'intérêt : utilité spéciale pour plusieurs, utilité morale pour tous. Aux efforts opiniâtres pour atteindre à l'idéal des formes qui tourmente leur pensée, les maîtres devraient joindre toujours des aspirations sublimes vers l'idéal spirituel qui est la source des grandes vertus. Leur historien devrait toujours constater en eux, comme nous pourrons le faire dans la vie de Girardon, cette généreuse fermentation du cœur qui fait accomplir le bien, tout en rêvant le beau.

François Girardon naquit à Troyes le jeudi 16 mars 1628 (d'autres disent 1627 et 1630), de Nicolas Girardon et d'Anne Saingevin. A peine fut-il dans l'âge de comprendre et de raisonner, que des voix intérieures commencèrent à murmurer dans son âme. Il restait des heures entières en contemplation devant la nature ; puis, une fièvre, qui devait être plus tard du génie, lui faisait chercher, dans d'innocentes parodies à la plume ou au crayon, cette interprétation du monde extérieur qui le tourmentait. L'instinct de l'idéal rendait ce jeune front pensif. Le souffle de Dieu, qui féconde l'inspiration humaine, agitait déjà cette jeune poitrine. Sa vocation d'artiste était décidée; le petit Girardon n'avait plus qu'à grandir.

Ici se place l'histoire de cet inévitable martyre que la famille a toujours fait souffrir au génie précoce.

Nicolas Girardon, honnête fondeur de métaux, avait amassé quelque argent dans le but de donner à son fils de l'éducation, et de lui assurer, par suite, dans le monde, une position supérieure à la sienne. Ce qui revient à dire qu'il lui avait fait apprendre à écrire, et qu'il ne rêvait rien moins, pour notre héros, qu'une place de procureur. En conséquence, il le prit un beau jour par la main, et après une revue des témoignages calligraphiques qui attestaient ses excellentes études, il le conduisit et l'installa, plein de confiance, dans l'étude de Pierre Geoffroy, procureur à Troyes, dont la femme avait bien voulu être sa marraine.

D'abord, tout alla bien. L'obéissance comprima quelque temps la vocation ; Girardon faisait sa besogne, maître Geoffroy était content, et le fondeur n'osait regarder l'avenir, tant il le trouvait éblouissant! Cependant, peu à peu, le jeune clerc laissa échapper des signes non équivoques de distraction, d'indifférence, peut-être d'antipathie. Il fut surpris faisant des copies sur des papiers surchargés d'ornements qui ne pouvaient guère remplacer le timbre royal. On n'eut aucun scrupule de porter une main sacrilége sur les innocents barbouillages dont il commençait à remplir l'étude de maître Geoffroy; son père fut mandé, le procureur se plaignit vivement, et le coupable vint, la tête baissée, entendre les touchantes récriminations du fondeur, qui sentait chanceler son ferme espoir dans la destinée de son fils.

Comme Girardon, pendant le cours des doléances paternelles, n'avait cessé, avec un soin extrême, de tenir ses deux mains sur ses deux poches, maître Pierre Geoffroy, très-expert en fait d'instruction criminelle, soupçonna quelque chose : il fouilla lui-même le jeune prévenu, et trouva dans les susdites poches une énorme quantité de morceaux de craie auxquels le jeune artiste essayait, à l'aide de son couteau, de donner une forme quasi humaine. Le délit de sculpture était flagrant. Maître Geoffroy hocha la tête, remit gravement les pièces de conviction dans les mains dangereuses du fondeur, et dit qu'il voyait bien que cet enfant était incorrigible; qu'il fallait renoncer à en faire un procureur; il était trop frivole; il n'avait pas cette âpreté nécessaire à la profession qu'on lui destinait. Le procureur presentait que l'antre obscur de la chicane ne devait pas convenir à celui qui rêvait déjà peut-être le grand soleil et les grandes avenues pour ses œuvres. Le fondeur s'en revint donc chez lui, bien désolé, avec son fils qui souriait. Il y eut une grande scène de reproches et de menaces dans laquelle le bon père fit l'irrité, joua la colère, et parla de mettre l'enfant ingrat en apprentissage chez son voisin Baudesson, sculpteur et menuisier. Un éclair de joie que ne put éteindre assez tôt le jeune rebelle, et qui parut un défi aux yeux du pauvre fondeur, détermina ce dernier à mettre ses menaces à exécution. Dieu préside toujours aux colères injustes des pères. Comme il veut que le chef de la famille demeure vénéré, même dans ses erreurs, il permet souvent que le châtiment dévie, et que le mal reste dans l'intention. Certes, c'était une étrange façon de punir Girardon que de l'envoyer chez un menuisier sculpteur! On eut beau recommander de ne lui donner que des ouvrages fatigants et capables de le rebuter, le jeune néophyte regarda ce rude labeur comme une précieuse initiation. Il travailla sans se plaindre, sans murmurer, et il ne lui vint pas à l'esprit de demander à quitter l'humble marteau d'apprenti menuisier pour reprendre la plume de procureur. Il était là dans son centre. Cette activité mal contenue chez maître Geoffroy déborda tout à coup, si bien que Baudesson s'en fut chez son voisin le fondeur, et lui dit que ce serait un crime de lui reprendre Girardon. Cet enfant-là avait une aptitude et une facilité qui tenaient de la prédestination; il était inutile de lutter plus longtems contre le démon intérieur qui le tourmentait; il fallait le laisser aller, il irait loin. Le père, honteux et fâché de voir sa feinte si mal réussir, ne voulut plus tenter une seconde épreuve. Il consentit, non sans peine, et abandonna, disait-il, son fils François à son malheureux sort.

Girardon put donc se livrer enfin, sans contrainte, à toute son inclination. Il se mit à étudier avec ferveur, et il avait à peine quinze ans, lorsqu'il peignit la vie de sainte Jules dans une chapelle érigée en l'honneur de cette sainte près de la porte de la Madeleine, à Troyes; chapelle entièrement détruite aujourd'hui, et que nous aurions voulu voir conserver comme un pieux monument, comme le premier jalon d'une route glorieuse. Girardon, par son amour de son pays, a ôté pour jamais à Troyes le droit d'être ingrate envers lui. Pourquoi a-t-on laissé détruire ces peintures naïves, d'un mauvais goût même, s'il faut en croire les contemporains, mais qui n'en étaient pas moins les tâtonnements du génie? Ces ébauches ressemblaient aux lueurs premières et timides que projette le soleil. A cette clarté encore incertaine, les couleurs sont douteuses, les ombres mal placées; mais le voyageur se retourne déjà avec joie et avec respect pour saluer le grand jour qui se lève derrière la montagne.

Girardon eut bientôt compris que les leçons du sculpteur chez lequel il travaillait ne lui suffisaient pas. Alors il lui arriva souvent de quitter l'atelier et d'aller dans les églises se recueillir et rêver. Souvent, l'extase lui faisait ployer le genou sous les superbes arceaux de la cathédrale, et il se mettait à prier, confondant dans son adoration le Dieu qui inspirait si magnifiquement les artistes, et les artistes qui savaient si bien honorer Dieu. Il entendait ce poëme sublime chanté par toutes ces ogives et par tous ces vitraux; et en sortant de cette retraite mystique, l'œil en feu, le front agrandi, Girardon étendait les

bras vers l'avenir et criait le fameux : « Moi aussi ! » qui
a toujours été la révélation des grands hommes.

II

Troyes possédait dans ce temps-là, en plus grand nombre qu'aujourd'hui, des ouvrages de deux sculpteurs célèbres, François Gentil et Domenico. François Gentil était Troyen, et Domenico était de Bologne, élève, dit-on du Primatice, auquel François Ier avait donné à Troyes l'abbaye de Saint-Martin-ès-Aires. Girardon développa ses heureuses dispositions par l'analyse des œuvres de ces deux maîtres : œuvres qui avaient déjà éveillé, avant lui, le sentiment de Pierre Mignard ; œuvres si belles et si abondantes, au dire des contemporains, que le chevalier Bernin passa deux mois à les copier, et avoua en partant que Troyes était une petite Rome. Hélas ! qu'est-elle devenue cette Rome ?...

Girardon, nous l'avons dit, se servit utilement de ces grands modèles, et quand son âme se fut assez échauffée, quand il se crut digne enfin de toucher le ciseau, il prit un bloc de pierre et en tira une Vierge, empreinte de timidité et d'aimable gaucherie, ébauche dont la grâce naïve faisait sourire, et que le jeune sculpteur offrit, en tremblant de joie, comme un pieux hommage à sa sœur. Le premier pas était marqué dans la carrière, et il n'avait plus qu'à continuer, lorsqu'une occasion comme la Providence en tient en réserve pour les belles intelligences, lui fournit les moyens de compléter son éducation artistique.

Son maître, Baudesson, travaillait pour M. le chancelier Séguier, dans son château de Saint-Lyébaut, à quelques lieues de Troyes; Girardon l'y accompagna. Son air rêveur, sa jeune figure doucement préoccupée, son regard voilé, qui semblait lire intérieurement, tout enfin frappa le chancelier. Il alla droit à cet enfant qui avait la gravité d'un homme, et le fit causer. Girardon, ému de cette démarche, parla avec attendrissement et amour de la sculpture, ouvrit son âme, et se révéla tel qu'il a toujours été depuis, passionné pour son art, et cependant doux et modeste, plein de cette candeur et de cette urbanité champenoises dont on a pu se moquer, mais qui n'en sont pas moins les glorieuses marques d'une intelligence sereine et élevée. M. le chancelier se prit d'affection pour Girardon, et, sur le bon témoignage que Baudesson lui rendit de son élève, il le fit partir pour Rome, s'engageant à suppléer, pendant tout le temps que ses études l'y retiendraient, aux petits secours qu'il tirait de sa famille.

Le voyage de Rome est le pèlerinage obligé pour tous ceux qui veulent s'initier aux secrets de l'art. Ce n'est que là-bas, parmi les ruines immenses du monde païen, sous ce ciel qui a vu passer tant de légions de grands hommes, qui a abrité de sa tente d'azur tous les empires, toutes les royautés, qui a doré du même rayon le fronton du premier Capitole et la coupole de Saint-Pierre, qui a servi de portique à l'Olympe et d'auréole au Calvaire, ce n'est que là-bas, sur cette terre prédestinée où Raphaël a marché, et des flancs de laquelle Michel-Ange a fait surgir ses œuvres de Titan, ce n'est que là-bas que l'esprit s'exalte assez par la contemplation pour sentir souffler en lui cet autre esprit invisible et éternel qui devient une partie de l'âme des grands poëtes, des grands peintres, des grands musiciens, des grands sculpteurs, et qui n'est autre chose que l'âme entière du monde! Partout on peut étudier les règles; mais à Rome, elles se transfigurent et deviennent des routes lumineuses où l'on se sent emporter par l'aile de Dieu.

Girardon, lui aussi, allait visiter la cité immortelle. Il partait jeune et plein de courage, le cœur desséché de cette soif d'apprendre qui tue quand elle n'est pas satisfaite. Il trouva à Rome Philippe Thomassin, son compatriote, qui l'accueillit avec bonté, voulut le loger, se chargea de le diriger dans ses études, le lia avec tous les maîtres les plus célèbres et lui ouvrit l'antiquité. A cette source féconde, Girardon, altéré, but à longs traits. Mais disons-le en passant, et pour y revenir plus tard, ce n'était pas l'antiquité qui devait le plus inspirer notre jeune artiste; ces lignes droites et nues, cette sévérité de la pose l'intimidaient un peu, et il interrompait ses études en face des majestueuses et froides statues pour marcher dans la campagne, pour sentir sur son front ce soleil qui fait bouillonner le sang dans les veines, et qui peut rendre fou, s'il ne donne pas le génie! Nous le répétons, ce qui distinguait Girardon, c'était la tendresse. Il avait plus besoin de la mélancolie, de l'extase dans les temples et de la vue du ciel, que de l'analyse des chefs-d'œuvre antiques.

Quoi qu'il en fût, quand il revint en 1652, il était digne de se joindre au cortége qui commençait à rayonner autour du jeune roi Louis XIV ; mais il consacra une année aux amis du pays. Avant d'aller prendre sa place parmi les demi-dieux de la cour de France, Girardon passa une année tout entière à travailler humblement pour ses concitoyens. Ceci est, par dessus tout, digne d'éloges. Il n'a pas cette impatiente ambition de la jeunesse. Lui, qui revient de Rome, tout brûlant d'inspiration, il n'est pas désireux d'un plus grand théâtre que sa vieille ville ; il donne une première offrande de son talent à ses compatriotes, il fait des bustes pour un M. Quinot, des statues pour des cheminées ; il n'est pas pressé de briller autre part ; on dirait qu'il a le sentiment de sa force et le pressentiment de sa longue carrière, et que, certain d'arriver toujours, il juge inutile de se hâter. Il se repose dans sa famille, et il attend. Cependant ses amis, ambitieux pour lui, l'excitent, on lui donne des lettres pour Colbert et pour Mignard, qui venait d'achever les peintures du Val-de-Grâce, et on l'envoie à Paris. Une fois à Paris, dans cette atmosphère glorieuse qui dilatait alors les poitrines, quand il a serré la main de Mignard, coudoyé Molière et rencontré Pujet, il comprend que c'est là son terrain, qu'il a aussi de grandes choses à accomplir, et il se met à l'œuvre. En 1660, il remporte un prix de trois cents louis d'or. Ce succès l'enhardit ;

Mignard se sert de son crédit pour le pousser avec éclat ; les faveurs du roi viennent le trouver ; des amitiés illustres remplissent sa demeure ; La Fontaine et Boileau le nomment leur Phidias, Santeul le chante en latin ; Versailles, qu'il a vu commencer et finir, le demande pour peupler ses solitudes, et, en 1687, l'Académie lui ouvre ses portes.

Maintenant, jusqu'à sa mort, qui n'arriva qu'en 1715, toute sa vie fut une longue suite de triomphes. Aimé du roi, aux volontés duquel il fut constamment dévoué, estimé de tous ses rivaux, il garda au front pendant tout le cours de son existence patriarcale, sans aucun nuage, cette précieuse auréole dont il n'était fier qu'en pensant à son pays!

Ah ! l'amour de son pays, ce fut, après la sculpture, la grande passion de Girardon. Au milieu des innombrables travaux qu'il accomplissait ; dans cette grande quantité de statues, de fontaines, de vases et de bas-reliefs qu'il répandait dans les jardins royaux, et notamment à Versailles, il gardait toujours dans un coin de son atelier un bloc de marbre choisi dont il faisait, en cachette et avec dévotion, un chef-d'œuvre pour son pays. En 1687, il vint à Troyes avec un grand médaillon de marbre blanc representant Louis XIV, que le maire et les échevins allèrent, à la tête de toutes les compagnies, recevoir de ses mains. Ce jour-là, Girardon se sentit bien heureux. En entendant les acclamations et les applaudissements du peuple, il se prit à pleurer en souriant. Ce fut, dit-il, le plus beau jour de sa vie ; l'amitié du grand roi lui donna moins d'orgueil. Ce médaillon fut placé, en 1690, dans la grande salle de l'hôtel de ville, où il est encore maintenant.

L'année suivante il fit fermer d'une grille de fer, faite à ses frais et sur ses dessins, le devant du chœur de l'église de Saint-Rémy, où il avait été baptisé, et le 30 mars 1690 il vint lui-même placer au-dessus de cette grille un Christ en bronze, qui est regardé comme un de ses plus beaux ouvrages. Ces voyages à Troyes et ces surprises étaient les distractions du grand artiste. Environ dans le même temps, il exécuta de grands travaux au maître-autel de l'église Saint-Jean ; et là, remarquons encore un trait caractérisque de cette âme pieuse et reconnaissante. Il avait fait ses premières études sur les dessins de François Gentil, il ne l'oublia pas, et trouva moyen de placer dans son œuvre deux statues de son premier maître. C'était une façon d'acquitter sa dette et d'associer l'avenir au passé.

III

Les églises n'étaient pas seules à jouir de sa munificence. Il avait conçu, avant la mort de Colbert, un projet qu'il ne put réaliser. Il voulait se servir de la protection du ministre pour faire bâtir devant l'hôtel de ville de Troyes une place au milieu de laquelle il aurait mis une statue équestre de Louis XIV (1). En 1692, il eut

(1) Pourquoi n'élèverait-on pas un monument de reconnaissance au grand sculpteur, dans l'endroit même que le grand sculpteur avait choisi pour le monument de son patriotisme ?

l'intention d'orner la bibliothèque publique des bustes des grands hommes de Troyes. Il avait déjà fait ceux de Passerat et d'Urbain IV, mais ses ouvrages pour le roi l'empêchèrent d'achever cette entreprise. Ses amis particuliers recevaient aussi des marques glorieuses de son souvenir. Il avait exécuté pour le château de Villacerf, appartenant aux Colbert, ses premiers protecteurs, des bas-reliefs et des bustes, parmi lesquels on remarquait ceux de Louis XIV et de la reine Marie-Thérèse (maintenant au musée de Troyes). Ils sont en marbre blanc, d'une ravissante délicatesse et d'une incroyable perfection de détails.

Girardon épousa, en 1670, Catherine Duchemin, célèbre par sa beauté et par la vérité avec laquelle elle peignait les fleurs et les fruits. Ce fut là une touchante et sainte union! Ces deux âmes d'artistes se fondirent en une seule. Du jour où elle épousa Girardon, Catherine Duchemin se dit que c'était assez de lui pour glorifier la maison; et, sacrifiant ses grands talents à ses devoirs, elle laissa les pinceaux, se fit épouse économe, mère dévouée, se contenta d'admirer son mari, de lui donner parfois des conseils, et ne se laissa jamais surprendre par un regret, par un soupir sur cet art, auquel elle avait irrévocablement renoncé.

Il me semble voir d'ici ces deux figures calmes et souriantes dans l'atelier du sculpteur. On cause de la chère province, des vendanges qu'on ira y faire au mois de septembre et que Girardon ne manque jamais d'aller surveiller. On emmènera La Fontaine pour rire un peu;

M. Simon, l'intendant de M. de La Feuillade, a promis que le P. Bouhours et Fontenelle y seraient; on fera de ravissantes promenades à Rosières, qui rappellera un peu Versailles, comme un bosquet rappelle une forêt; on ira revoir tous les vieux amis; les amis de chair et d'os, qui peuvent mourir, et les amis de pierre et de marbre, que la mort a plus de peine à emporter. Girardon accomplira, comme tous les ans, son pèlerinage aux fresques de Sainte-Jules, qu'il cherche à défendre contre les douces railleries de sa femme; et l'entretien se prolonge longtemps ainsi, et les larmes viennent aux yeux des deux époux, qui se quittent à grand'peine, l'un pour aller où l'appellent les devoirs de chancelier de l'Académie et d'inspecteur-général des ouvrages de sculpture; et l'autre, qui a été autrefois aussi de l'Académie, pour porter, heureuse mère, heureuse épouse, le surplus de ses caresses à ses enfants. Sur le seuil de l'atelier on se retourne, on jette un long regard à tous les hôtes qui sont là attendant le dernier coup de ciseau qui doit les détacher du tronc et leur donner la vie, on ne peut, en se séparant, s'empêcher d'adresser un salut respectueux à Louis XIV, à cheval, dépassant de la moitié de son corps tout un peuple de dieux et de déesses qui forment sa cour. Oui, ces deux êtres privilégiés, ces deux cœurs d'élite, ont dû avoir ensemble de saintes et ravissantes causeries, commençant par l'art et finissant par la famille, deux religions pour ces deux anges!

Girardon survécut à sa femme, morte en 1698. Il la pleura chrétiennement, et, après l'avoir cousue dans son linceul, il se recueillit gravement, comme Tintoret devant sa fille morte, songeant à lui donner un cercueil de marbre qui fût digne de sa gloire et de son amour pour elle.

Comme notre sculpteur se faisait vieux alors, et que sa main tremblait, il a confié l'exécution de sa tâche sacrée à deux de ses élèves, Nourrisson et Le Lorrain ; mais c'est lui-même qui a fait le dessin ; c'est lui qui a présidé au travail ; c'est lui qui d'avance, et avec ses larmes, amollissait pour le ciseau le sarcophage où reposait l'autre moitié de lui-même ! Ce tombeau, élevé dans l'église de Saint-Landry, représentait Jésus-Christ descendu de la croix et la Sainte Vierge offrant son fils au Père Éternel. Touchante image, qui allait bien au tombeau de la femme chrétienne.

Il semble que Girardon, comme La Fontaine, son candide ami, et comme tous les profanes honnêtes de ce temps-là, demandait pardon à Dieu, dans ses derniers ouvrages, d'avoir si longtemps consacré son ciseau aux dieux païens. Il n'avait pas assez fait de Christs pour toutes les Vénus et pour tous les amours qu'il avait fait sourire et s'embrasser dans les bosquets de Versailles ! L'approche de ces bords glacés et sinistres, où chacun vient aborder à son tour, éteignait en lui cette chaude inspiration qui s'était répandue si longtemps sur les pas de Le Nôtre. A la fin de sa vie, on le voit préoccupé de travaux d'églises ; sainte expiation de la faute innocente d'avoir donné des chefs-d'œuvre à la France !

Il vécut encore dix ans après sa femme, toujours le même, plus triste, seulement, mais toujours affable, toujours simple, malgré l'immense renommée dont il jouissait; et quand il sentit qu'il avait fini son magnifique pèlerinage ; quand le patriarche qui avait vu naître et mourir tous les sculpteurs du dix-septième siècle comprit qu'il n'avait plus qu'à refermer sur lui la porte, il rassembla ses dernières forces pour accomplir un voyage à Troyes; et là, comme ses jambes ne voulaient plus le soutenir, il se fit porter dans un fauteuil en face du portail de l'église Saint-Nicolas, et se mit à le contempler tout à son aise. C'était son adieu à l'art et à son berceau, c'était son salut à sa tombe. Il revint ensuite auprès de son roi bien-aimé, qui semblait l'avoir attendu, et, la même année, le même mois, le même jour, peut-être à la même heure, le 1er septembre 1715, ces deux augustes vieillards, ces deux fronts couronnés, le roi Louis XIV et le sculpteur Girardon, partirent ensemble, appuyés l'un sur l'autre, pour se faire juger par l'autre roi du ciel, qui avait donné à chacun sa mission et son génie!

IV

Si maintenant nous examinons les nombreux ouvrages que Girardon a laissés, l'influence incontestable qu'il a exercée sur son époque par sa renommée et par la charge d'inspecteur-général des travaux de sculpture, dont il fut revêtu à la mort de Lebrun ; la paix profonde dont il a joui, le silence admirable qui régna au dedans et au dehors de sa demeure; si nous considérons que soixante années de cette glorieuse vie furent employées sans relâche à façonner le marbre, à consacrer les fontaines des jardins royaux, à mettre toujours son nom à côté de celui de Louis XIV, qui a mis le sien partout, on conviendra que jamais existence ne fut plus digne d'envie !

Aussi voyez comme les contemporains l'admirent ! Tous les sculpteurs, ses rivaux, se proclament ses élèves, et abaissent respectueusement devant lui leur ciseau, ne reconnaissant d'autres ordres que les siens, d'autre inspiration que la sienne. Tous, excepté Pujet, trop d'un seul bloc pour obéir à quelqu'un, tous défilent silencieusement devant lui : Auguier, Coysevox, Renaudin, Coustou, sont ses courtisans, et, soit par déférence, soit par conviction, s'emparent de sa manière, multiplient ses formes, et n'ont pas d'autre originalité.

Le tombeau de Richelieu, qu'on voit encore à la Sorbonne, passe généralement pour son chef-d'œuvre. Quelques-uns ont prétendu qu'il avait exécuté ce mausolée sur les dessins de Lebrun ; mais cette opinion est sans fondement; et s'il était vrai que Lebrun y fût pour quelque chose, Girardon était trop loyal pour mettre au bas du monument l'inscription *F G T, invenit et fecit*, et Lebrun trop jaloux pour la souffrir. Il avait fait fondre en bronze et d'un seul jet une statue équestre de Louis XIV, qui décorait la place des Victoires. Cette statue fut détruite en 1793, et avec tant d'autres choses, qui n'étaient pas de bronze et qu'on croyait plus solides encore.

L'Enlèvement de Proserpine, la Fontaine de Saturne, la figure de l'Hiver, des bustes nombreux de Louis XIV, celui de Boileau, un médaillon représentant le Grand Condé, et auquel il ne manquait, disait le neveu du héros, qu'un peu de tabac au bout du nez pour que la ressemblance fût parfaite; tels sont les morceaux de lui qui méritent surtout l'admiration de tous et l'examen approfondi des adeptes. Nous ne donnerons point ici la description de ces ouvrages, qu'on peut trouver indiqués dans tous les catalogues, et que chacun peut visiter à Versailles et dans les musées; mais nous résumerons ce travail sur Girardon par l'exposé de l'opinion que nous nous sommes formée de sa manière et de l'école dont il est le chef.

Comme nous l'avons dit dans le cours de ce récit, l'antiquité sévère ne devait pas éveiller les sympathies du doux sculpteur troyen; et d'ailleurs les besoins de son temps dispensaient de la copier.

Girardon vint à une époque de luxe et de galanterie où l'amour passait des mœurs dans les arts. Pour égayer les feuillages animés déjà des poétiques visions de mademoiselle de La Vallière et de tant d'autres, ce que demandait Louis XIV, ce n'étaient pas ces figures graves et froides, au nez grec, aux bras glissant le long du corps, aux attitudes compassées; ce qu'il fallait, c'était, dans le marbre, cette coquetterie que l'on applaudissait dans le monde; c'étaient ces bras arrondis, ces gestes gracieux, ce voluptueux, en un mot, qui détend l'âme et fait doucement soupirer.

Il y a deux façons d'atteindre à l'idéal : par l'énergie et par l'amour. Pujet était dans la sculpture à peu près ce que Corneille était dans l'art dramatique. Ses conceptions avaient cette beauté mâle qui étonne ; il taillait des héros qu'on admirait, mais auxquels la sympathie n'était pas toujours fidèle. Ils étaient trop en dehors de nos proportions. Comme Corneille, Pujet devait son triomphe à ses hardiesses ; comme Corneille, il était plus grand que vrai, plus surhumain que tendre. Girardon, au contraire, comme Racine, avait cette beauté qui trouble l'âme, beauté humaine, et cependant divinement harmonieuse, moins grande que l'autre et plus vraie. Tous les deux arrivaient au génie, l'un par l'élan de la pensée, l'autre par sa flamme. Corneille drape ses amants, Racine les fait pleurer ; Pujet déride rarement ses figures, Girardon les laisse rarement calmes. Corneille et Pujet sont Romains en France ; Racine et Girardon sont Français à Rome. Les deux premiers imposent l'admiration ; les deux derniers la laissent doucement venir à la suite de l'émotion. Les deux premiers sont des Titans qui veulent faire de leurs enfants des dieux ; les deux derniers sont des Prométhées qui mettent dans leurs œuvres le feu du ciel. Girardon, en un mot, n'eut pas cette réflexion, cette exactitude de la pose qui distingue le statuaire antique ; mais il eut à un degré sublime l'instinct des sensibilités de la chair. Quand on frôle les moelleux contours de ses statues, on croit les sentir tressaillir, et on tressaille soi-même.

Qu'il nous soit permis de dire ici toute notre pensée.

16

Pujet et Corneille ont travaillé surtout pour les philosophes; Racine et Girardon surtout pour les amants; comme, en somme, il y a au monde plus d'amants que de philosophes, nous croyons que le magnifique à-propos des derniers compense la majestueuse profondeur des premiers, et que ces quatre génies brillent au ciel de l'art d'un éclat fraternel !

HISTOIRE D'UNE NAIADE

C'est un beau spectacle que de voir Louis XIV, jeune, aimant, ayant en lui tous les prestiges de la nature et de la puissance, s'avancer, avec une majesté souriante, à la réalisation de ses fantaisies olympiennes. Je ne me dissimule pas que cet échafaudage pompeux était un pilotis au-dessus des larmes et des sueurs ; je sais bien que toutes ces richesses avaient un lourd contre-poids dans la misère du peuple ; je sais bien que la construction du palais de Versailles a pu coûter la vie à une armée ; mais pourquoi reprocherait-on plus amèrement les sacrifices faits à l'art et à la science que ceux exigés par l'ambition ? Hécatombe pour hétacombe, je préfère celles qu'on immole au génie à ces stupides massacres pour des raisons d'État. Est-il moins honorable de mourir pour un chef-d'œuvre que pour venger la vanité humiliée d'un ministre, ou réparer les inepties d'un ambassadeur imprudent ?

Nous ne passerons pas en revue tous les joujoux titaniques dont s'est amusé le caprice de Louis XIV ; nous ne parcourrons pas ce poëme épique taillé dans la pierre (la seule épopée véritable dont la France puisse être fière), et nous irons bucoliquement, à travers les riants coteaux et les bois, parler à la naïade dont la conque puissante souffle l'eau dans les fontaines de Versailles, et la soufflait autrefois aux nez de pierre des chevaux ailés de Marly ; ce qui veut dire, sans plus d'hyperbole, que nous allons visiter la machine hydraulique dont l'aqueduc, avec ses arches énormes, se mêle si pittoresquement au paysage de Bougival, et rappelle, en égayant la verdure, un de ces fonds de campagne d'Italie, un de ces horizons qui avoisinent Tivoli.

Si nous étions encore à cette époque éminemment artistique où l'art remplaçait sur le crâne les ornements naturels, où des chevelures factices entretenaient dans une douce chaleur l'inspiration des poëtes, où l'illusion, dont on usait fréquemment, portait à croire à cette mythologie d'opéra qui trônait partout, ce serait ici le cas d'entonner une ode ou une épître à la façon du passage du Rhin. Sous quelles périphrases on pourrait dissimuler les rouages de la machine! comme on l'habillerait de roseaux et on la couronnerait d'algues! comme on ferait nager et sautiller des petits tritons et des petits dauphins dans la mousse argentée que brasse en cet endroit la rivière! Malheureusement, ou heureusement peut-être, l'abus de l'hydraulique a engendré le scepticisme à l'endroit des naïades ; et la vapeur, appliquée à la machine de Marly, se meut si brutalement, qu'il nous semble que la pauvre nymphe a dû souffrir d'horribles dislocations. On aurait donc peu de chances de l'éveiller en l'évoquant. Nous ne voulons pas non plus donner une description technique, et nous avons pour cela une des excellentes raisons qui faisaient dispenser certain échevin de donner les autres. Nous sommes d'une parfaite ignorance en hydrostatique; nous dirons tout simplement ce que nous savons, nous ferons la légende de la machine, nous la visiterons dans ce récit, comme nous l'avons visitée dans la réalité, par fantaisie, sans préoccupation industrielle, sans arrière-pensée de pédantisme, en restant au point de vue... du point de vue.

Bien souvent, je me suis demandé ce qui serait advenu si Louis XIV eût eu à sa disposition la vapeur, les chemins de fer et le gaz. Je ne doute pas qu'on n'eût merveilleusement utilisé ces inventions, et que les féeries hydrauliques, entrevues par intervalles, n'eussent pu se perpétuer et durer la nuit. Imaginez le parc de Versailles illuminé de cette façon royale dont on faisait alors toute chose; supposez la lumière employé avec la même largeur que le feu; quel rêve! Malheureusement on n'avait que l'eau à sa disposition; aussi ne se fit-on pas faute d'en user et d'en tirer tout le parti possible.

En 1676, Mansard, sur les dessins duquel on bâtissait Marly, manifesta à Louis XIV le besoin d'une machine quelconque pour faire monter l'eau dans les jardins de ce château. C'était simple à concevoir, difficile à exécuter. Louis XIV ne s'émut pas plus qu'il ne le fallait; il avertit tout simplement les savants de l'Europe qu'ils eussent à le pourvoir et à ne pas le faire attendre longtemps. Aussitôt on vit affluer les projets : les têtes les plus lourdes de calculs se penchèrent opiniâtrément pour trouver une solution glorieuse. Le baron de Ville, originaire de Liége, déjà connu en France par plusieurs ouvrages hydrauliques, s'offrit pour entreprendre la machine en question. Son projet accueilli, il se mit à l'œuvre, puissamment aidé par un sien compatriote, mécanicien fort habile, nommé Rennequin Swalem. Quelques-uns prétendent même que Rennequin fut l'inventeur, et que le baron de Ville ne fut qu'un de ces collaborateurs dangereux qui prêtent leur nom, mais prennent la gloire; un de ces usurpateurs pour lesquels ont été faits ces vers : *Sic vos non vobis...* Cependant rien ne justifie cette prétention des *rennequinistes*. Tout porte à croire, au contraire, que le baron de Ville fut un inventeur sérieux. On argue bien d'une certaine épitaphe dans laquelle il est dit que Rennequin inventa; mais, d'autre part, on raconte que le baron de Ville était venu en France pour construire une machine propre à monter de l'eau au château et dans les jardins de Saint-Germain, qu'occupait alors la reine Anne d'Angleterre; que la machine fut exécutée, et plus tard proposée, copiée et reconstruite à Marly. Cette récidive serait un argument d'importance. Rennequin dirigea les travaux et les ouvriers, et, la machine achevée, le baron de Ville en fut nommé gouverneur avec des appointements proportionnés. Il habita le pavillon de Luciennes (ou Louveciennes); quant à Rennequin, il resta toujours conducteur avec 1,800 francs d'appointements. Il est mort, à la machine, en 1708, âgé de soixante-quatre ans, sans avoir protesté jamais contre la prétendue usurpation du baron de Ville. Au reste, voici ce qu'on lit sur une carte représentant l'ancienne machine de Marly, dessinée en 1688 :

Cette machine sert à embellir les maisons royales de Versailles, de Trianon et de Marly, et peut servir à Saint-Germain en Laye. Elle a été construite par ordre du Roi, sur les projets et par la direction de M. le baron de Ville.

On commença les travaux en juin 1681, et l'eau monta en 1685. Ce fut un beau jour que celui-là, mais rudement acheté par des efforts, des recherches, des tâtonnements sans nombre. Quant à la dépense, personne ne s'en étonna. Elle fut de six à sept millions d'alors, ce qui en ferait bien quatorze d'aujourd'hui; encore, dit-on, qu'on n'écrivit pas tout. L'entretien de la naïade s'élevait à *soixante-onze mille seize livres*, mais on dit de même que les journées n'y étaient pas. Rien ne parut exagéré; d'ailleurs, qui se serait plaint? Le peuple? Cela ne le regardait pas. Si cet argent ne lui donnait pas de pain, il lui donnait au moins des spectacles; c'était assez. Quant à Louis XIV, de si infimes considérations ne montaient pas jusqu'à lui. Il avait eu besoin d'eau pour les réservoirs, pour les cygnes, pour les tritons de pierre et de bronze, et il avait dit : — Allez, je vous donne la montagne, prenez la vallée, et, s'il le faut, confisquez la rivière. — On avait obéi; le soleil frétillait dans l'eau de ses bassins : cela coûtait bien quelques millions; bagatelle! il faisait payer, chacun était content. Pas de Chambre pour discuter ses dépenses; pas de journaux pour répandre des écritoires dans le cristal de ses fontaines! Il était roi, il était dieu, il était tout!

Marly avait seul profité d'abord de la machine. Ce ne fut que vingt ans après son entière exécution, que la population augmentant considérablement dans Versailles, et que les eaux des sources tarissant dans les temps de sécheresse, on en amena des réservoirs de Marly. Nous voudrions bien donner une description positive de l'ancienne machine, et nous déclarons qu'à cet effet nous avons feuilleté des livres qui nous étaient étrangement inconnus; mais le moyen de se reconnaître dans ces roues, ces chaînes, ces pompes, ces pistons, ces puisards! De notre lecture, et nous pourrions dire de notre étude, voici ce qui nous est resté de plus clair. C'est que toute l'eau remuée, prise et avalée par la machine, était montée à l'aide de deux cent vingt-une pompes, espacées en trois fois, et de deux puisards, sur une plate-forme qui se trouve à 500 pieds ou 162 mètres au-dessus de la rivière. De cette tour les eaux tombaient dans une cuvette qui leur servait de jauge; de là elles coulaient dans l'aqueduc qui a 310 toises de longueur, est soutenu sur trente-six arcades construites en pierre meulière, et dont tous les angles et toutes les saillies sont en pierre de taille. Au bout de cet aqueduc est une tour d'environ 44 pieds de hauteur, construite comme la grande tour et les aqueducs. L'eau est reçue dans une bâche au fond de laquelle étaient des soupapes qui distribuaient l'eau à Marly et à Versailles. Voilà sommairement l'appareil digestif avec lequel le monstre buvait dans la Seine ce qu'il soufflait ensuite sur les jardins.

Si tous les hommes (ou du moins presque tous les hommes, comme le disait, en se reprenant, un prédicateur courtisan à Louis XIV), sont sujets à la mort, les ouvrages construits par les hommes sont tributaires des mêmes destinées. A force de tordre des flots dans son gosier, au bout d'un siècle, la vieille machine sentit en elle des lésions profondes, son estomac se délabra, les dents branlèrent, des fêlures visibles se firent à son crâne; elle commença à râler et à secouer la tête. Elle était devenue asthmatique au dernier point, sans compter que, tout incurable qu'elle était, la maladie de la centenaire coûtait cher à l'État. On assembla donc un conseil d'ingénieurs mécaniciens. On fit briller à leurs yeux l'espoir d'une glorieuse récompense s'ils trouvaient un moyen de galvaniser le corps en décrépitude et de simplifier les dépenses de son entretien; mais au beau milieu de la consultation qui se prolongea, on entendit frapper à la porte. C'était la Révolution française qui passait par là et qui venait viser le certificat de civisme des savants.

L'un d'eux, l'auteur d'un projet de restauration, fut arrêté comme suspect : alors tout fut abandonné, on laissa le vestige de l'absolutisme haleter dans son coin; car il y avait alors à Paris, sur une des grandes places, une machine toujours en activité qui faisait concurrence aux autres, c'était la guillotine. Alors commença pour la pauvre invalide une série d'infortunes, d'alternatives douloureuses ; tantôt on y mettait le marteau démolisseur, tantôt les échafaudages. Elle fut vendue à l'encan, abandonnée, trahie, crucifiée. Un de ses adorateurs, désespéré, commença alors, dans un langage quelque peu irrévérencieux, l'histoire de son martyre sous ce titre : *La passion d'une très-respectable dame, âgée de cent vingt-trois ans, filleule d'un très-magnifique prince et fille d'un homme de génie, arrivée en l'an du monde 5804, parmi les apôtres de la vérité.* C'était une imitation de l'Évangile, dont personne ne songeait alors à se choquer, mais qui avait cependant un caractère de frivolité sacrilége.

Cet opuscule commence ainsi : *En ce temps-là, la filleule d'un des plus grands et des plus magnifiques princes qui aient jamais existé, dit à ses admirateurs et à ses amis : Vous savez que l'adjudication se fera dans deux jours, et que la fille de Swal* (Rennequin Swalem) *sera livrée pour être démantibulée. Alors les princes de la théorie et les spéculateurs s'assemblèrent dans la salle de leurs chefs, et ils délibérèrent sur les moyens de la livrer adroitement et de la faire mourir.*

On le voit, l'imitation est constante ; elle se continue ainsi mot à mot. Nous en citerons encore deux fragments :

Le matin étant venu, les chefs des princes de la théorie et les spéculateurs tinrent conseil contre la filleule pour la faire mourir ; et l'ayant déjà vendue, ils la livrèrent au démolisseur moyennant cent quatre-vingts kyliades, qui furent réparties entre eux. Alors celui qui l'avait trahie, voyant qu'elle était condamnée, dit : *J'ai bien gagné mon argent;* il s'en réjouit, il en acheta une maison de plaisance et un champ, rejetant bien loin l'idée d'aller se pendre.

Le juge qui veut sauver l'infortunée machine, ne pouvant y parvenir, se lave les mains dans du vinaigre ; et tous les spéculateurs répondent : *Que son sang retombe dans nos poches et celles de nos enfants!*

On la mutile, on met sur son front un écriteau bizarre, qui serait incompréhensible si l'on n'avait soin de lire d'abord ensemble les grandes lettres, indépendamment des petites, et les petites ensuite, indépendamment des grandes.

CEN'EcondSTQUEamnPARéeCEàêt
QUENrevenOUSdueVOetdéULONchir
SDEVéecaORErlarRLAemplacMACera
HINquiEDEpourMARraLIpeun
QUENousimOUSLporteAVOànoNSus.

Le peu d'esprit qui présida à cette complainte fut perdu. La machine ressuscita avant d'avoir entièrement succombé. En 1807, les projets, les travaux commencèrent ; mais des sommes énormes furent vainement dépensées. En 1811, M. Cécile vint prendre la direction et trancha la difficulté. Ce fut lui qui, conjointement avec M. Martin, remit une âme dans les poumons disloqués, ou plutôt refit d'autres poumons. Ce fut lui qui appliqua la vapeur, et fit construire cet édifice à fronton grec dans lequel la pauvre nymphe se noircit et se meurtrit dans les engrenages en poussant des soupirs affreux. On dirait un temple, sans le panache noir qui se balance presque toujours sur sa tête, et qui atteste l'alimentation d'un foyer plus ardent qu'un trépied ou qu'un encensoir de nos jours.

Cette machine est de la force de 64 chevaux, elle consomme de 96 à 100 hectolitres de charbon par vingt-quatre heures, et elle monte d'un seul jet 90 pouces d'eau sur le sommet de la grande tour, ce qui équivaut à 1,800,000 litres d'eau. Elle a été mise en activité en 1826. En 1818, on avait démoli et vendu tout le mécanisme de la même machine, que l'on remplaça par une autre, montant l'eau d'un seul jet : cette dernière ne devait être que provisoire pour attendre l'achèvement de la machine à vapeur; ce provisoire dure encore. Il se compose de deux roues hydrauliques seulement, faisant mouvoir chacune un équipage de quatre pompes. Le produit maximum de cette machine est de 60 pouces ou 1,200,000 litres d'eau par vingt-quatre heures.

Telles furent l'origine et l'histoire de ce glorieux établissement auquel des destinées nouvelles sont peut-être réservées dans l'avenir, mais qui dans ce moment ne jouit plus que de l'estime obscure des hommes compétents. Il n'est plus *la filleule* aimée des rois, comme disait la complainte citée plus haut, à peine ceux-ci s'en informèrent-ils de temps en temps. Louis XVIII fut prié de la visiter un jour, mais on respecta l'obésité constitutionnelle du monarque qui n'était plus fort ingambe; aussi prit-on le parti de faire faire un modèle en petit de la machine que l'on mit sur des roulettes et que l'on poussa le jour de la visite jusqu'au milieu de la route, où le prince du haut de sa voiture vit fonctionner le joujou hydraulique. Les courtisans louèrent alors la condescendance du prince qui aurait bien pu exiger qu'on roulât la machine jusqu'à Paris, dans son cabinet. Charles X et Louis-Philippe lui consacrèrent chacun une journée. Le comte de Paris y vint parfois et trouva un plaisir extrême à se faire expliquer le travail de ces membres d'acier.

Des fontaines d'eau chaude ont été organisées de chaque côté du péristyle, et servent ainsi aux besoins culinaires des habitants de Bougival et de Marly. C'est une première concession faite aux humanitaires. Dans le grand siècle, on se fût bien gardé de cette application positive; on eût considéré comme un sacrilége, qu'un objet destiné au luxe ne demeurât pas complétement inutile. Qu'aurait dit Louis XIV s'il avait entendu, comme nous, un savant, un ingénieur, dont les étranges préoccupations sociales ont un peu encombré les idées scientifiques, proposer hardiment, franchement, de faire servir les grandes machines à vapeur à la quasi-réalisation du vœu d'Henri IV ! Voici ce que proposerait ce rêveur enthousiaste. (Nous lui laissons l'entière responsabilité de son utopie.) Par des modifications légères, et à lui connues, les chaudières à vapeur où bout une eau inutile pourraient admirablement servir à faire cuire l'humble bœuf des gens pauvres, que l'idée d'un foyer longtemps allumé chez eux, effrayerait. Dans chaque pays où le bienfait de la plus petite usine à vapeur, de la moindre locomotive serait accordé, chaque habitant viendrait apporter son souper, soigneusement ficelé et étiqueté ; et la chaudière commune rendrait ensuite à chacun son bœuf élaboré côte à côte du bœuf du voisin, peut-être d'un ennemi. Qui sait même (ceci est de la gastronomie transcendentale, de la philosophie culinaire), qui sait si la pensée d'un bouillon commun, d'une nourriture apprêtée dans le même récipient, n'éteindrait pas les haines rebelles, ne ferait pas naître dans l'esprit des gens l'idée d'un rapprochement commencé par l'élément vital ? Du bœuf à l'homme, il y a si peu de distance ! la seule distance, peut-être, de la viande utile à celle qui ne l'est pas.

Louis XIV, à coup sûr, serait fort étonné de ces projets qui seraient appliqués le jour où le soleil, en se levant, se jouerait dans les bras du télégraphe humanitaire. Dans cet heureux temps, on se mettrait en route sans inquiétude, et en montant en chemin de fer, on pourrait jouir de la délicieuse assurance d'être précédé de son dîner et de voyager à la vapeur de son pot au feu !

TABLE

	Pages.
1. Argine Picquet.	1
2. Le Brelan.	23
3. Voyage autour de mon clocher.	78
Où l'on prouve que quatre-vingt-dix-neuf Champenois et l'auteur font cent......... Champenois.	Id.
Où l'auteur est étonné de rencontrer un second champenois en Champagne..	84
Où l'auteur prouve que les moutons ne sont pas des bêtes.	90
Où l'on démontre que les hommes sont des moutons.	100
De la fête aux fols.	106
Qui traite de la charcuterie comme élément poétique.	112
M. Columbat s'en va-t-en guerre.	118
La légende de Saint Pierre.	122
Histoire des diverses églises.	133
Les maisons de pierre et les maisons de bois.	143
Où l'on démontre que Voltaire n'était qu'un sot.	149
Qui traite de la métamorphose des moutons en hippogriffes.	154

TABLE.

		Pages.
4.	Le démon du lac.	160
	Le tombeau et le berceau.	Id.
	Le Kelpy ou démon du lac.	164
	Les deux traversées.	173
	Le lac de Loch-Leven.	179
5.	Le petit homme rouge.	187
6.	La dame blanche de Baden.	231
7.	François Girardon.	260
8.	Histoire d'une naïade.	279

FIN DE LA TABLE.

Poissy. — Typographie Arbieu.

COLLECTION MICHEL LÉVY.

Volumes parus et à paraître. — Format grand in-18, à 1 franc.

A. DE LAMARTINE.
	vol.
Les Confidences	1
Nouv. Confidences	1
Touss. Louverture	1

THÉOPH. GAUTIER
	vol.
Beaux-arts en Europe	2
Constantinople	1
L'Art moderne	1
Les Grotesques	1

GEORGE SAND
	vol.
Hist. de ma Vie	10
Mauprat	1
Valentine	1
Indiana	1
Jeanne	1
La Mare au Diable	1
La petite Fadette	1
François le Champi	1
Teverino	1
Consuelo	3
Comt. de Rudolstadt	2
André	1
Horace	1
Jacques	1
Lettres d'un voyag.	1
Lélia	2
Lucrezia Floriani	1
Péché de M. Antoine	2
Le Piccinino	2
Meunier d'Angibault	1
Simon	1
La dern. Aldini	1
Secrétaire intime	1

GÉRARD DE NERVAL
	vol.
La Bohème galante	1
Le Marq. de Fayolle	1
Les Filles du Feu	1

EUGÈNE SCRIBE
	vol.
Théâtre (ouv. comp.)	20
Comédies	3
Opéras	2
Opéras comiques	5
Comédies-Vaudv.	10
Nouvelles	1
Historiettes et Prov.	1
Piquillo Alliaga	3

HENRY MURGER
	vol.
Dern. Rendez-vous	1
Le Pays Latin	1
Scènes de Campagne	1
Les Buveurs d'Eau	1
Les Amoureuses	1
Propos de ville et propos de théâtre	1
Vacances de Camille	1
Scènes de la Bohême	1
Sc. de la Vie de Jeun.	1

CUVILLIER-FLEURY
	vol.
Voyag. et Voyageurs	1

ALPHONSE KARR
	vol.
Les Femmes	1
Encore les Femmes	1
Agathe et Cécile	1
Pr. hors de mon Jard.	1
Sous les Tilleuls	1
Sous les Orangers	1
Les Fleurs	1
Voy. aut. de mon jard.	1
Poignée de Vérités	1
Les Guêpes	6
Pénélope normande	1
Trois cents pages	1
Soirées de S*-Adresse	1
Menus-Propos	1

Mme B. STOWE
Traduct. E. Forcade.
	vol.
Souvenirs heureux	8

CH. NODIER (Trad.)
	vol.
Vicaire de Wakefield	1

LOUIS REYBAUD
	vol.
Jérôme Paturot	1
Paturot-République	1
Dern. des Commis-Voyageurs	1
Le Coq du Clocher	1
L'Indust. en Europe	1
Ce qu'on voit dans une rue	1
La Comt. de Mauléon	1
La Vie à rebours	1

FRÉDÉRIC SOULIÉ.
	vol.
Mémoires du Diable	2
Les Deux Cadavres	1
Confession Générale	1
Les Quatre Sœurs	1
Au jour le jour	1
Marguerite. — Le Maître d'École	1
Le Bananier. — Eulalie Pontois	1
Huit jours au Château	1
Si jeunesse savait	2

Mme É. DE GIRARDIN
	vol.
Marguerite	1
Nouvelles	1
Vicomte de Launay	1
Marq. de Pontanges	1
Poésies complètes	1
Cont. d'une v. Fille	1

ÉMILE AUGIER
	vol.
Poésies complètes	1

F. PONSARD
	vol.
Études Antiques	1

PAUL MEURICE
	vol.
Scènes du Foyer	1
Les Tyrans de Village	1

CH. DE BERNARD
	vol.
Le Nœud gordien	1
Gerfaut	1
Un homme sérieux	1
Les Ailes d'Icare	1
Gentilhom. campag.	2
Un Beau-Père	1
Le Paravent	1

HOFFMANN
Trad. Champfleury.
	vol.
Contes posthumes	1

ALEX. DUMAS FILS
	vol.
Avent. de 4 femmes	1
La Vie à vingt ans	1
Antonine	1
Dame aux Camélias	1
La Boîte d'Argent	1

LOUIS BOUILHET
	vol.
Melœnis	1

JULES LECOMTE
	vol.
Poignard de Cristal	1

X. MARMIER
	vol.
Au bord de la Newa	1
Les Drames intimes	1

J. AUTRAN
	vol.
Milianah	1

FRANCIS WEY
	vol.
Les Anglais chez eux	1

PAUL DE MUSSET
	vol.
La Bavolette	1
Puylaurens	1

CÉL. DE CHABRILLAN
	vol.
Les Voleurs d'Or	1
La Sapho	1

EDMOND TEXIER
	vol.
Amour et finance	1

ACHIM D'ARNIM
Trad. T. Gautier fils.
	vol.
Contes bizarres	1

ARSÈNE HOUSSAYE
	vol.
Femmes c. elles sont	1
L'amour comme il est	1

GÉNÉRAL DAUMAS
	vol.
Le grand Désert	1
Chevaux du Sahara	1

H. BLAZE DE BURY
	vol.
Musiciens contemp.	1

OCTAVE DIDIER
	vol.
Madame Georges	1

FELIX MORNAND
	vol.
La Vie arabe	1

ADOLPHE ADAM
	vol.
Souv. d'un Musicien	1
Dern. Souvenirs d'un Musicien	1

J. DE LA MADELÈNE
	vol.
Les Âmes en peine	1

MARC FOURNIER
	vol.
Le Monde et la Coméd.	1

EMILE SOUVESTRE
	vol.
Philos. sous les toits	1
Conf. d'un Ouvrier	1
Au coin du Feu	1
Scèn. de la Vie intim.	1
Chroniq. de la Mer	1
Dans la Prairie	1
Les Clairières	1
Sc. de la Chouannerie	1
Les derniers Paysans	1
Souv. d'un Vieillard	1
Sur la Pelouse	1
Soirées de Meudon	1
Sc. et réc. des Alpes	1
Les Anges du Foyer	1
L'Échelle de Femm.	1
La Goutte d'eau	1
Sous les Filets	1
Le Foyer Breton	1
Contes et Nouvelles	1

LÉON GOZLAN
	vol.
Châteaux de France	2
Notaire de Chantilly	1
Polydore Marasquin	1
Nuits du P.-Lachaise	1
Le Dragon rouge	1
Le Médecin du Pecq	1
Hist. de 130 femmes	1
La famille Lambert	1
La dern. Sœur Grise	1

THÉOPH. LAVALLÉE
	vol.
Histoire de Paris	2

EDGAR POË
Trad. Ch. Baudelaire.
	vol.
Histoires extraordin.	1
Nouv. Hist. extraord.	1
Aventures d'Arthur Gordon Pym	1

CHARLES DICKENS
Traduction A. Pichot.
	vol.
Neveu de ma Tante	1
Contes et Nouvelles	1

A. VACQUERIE
	vol.
Profils et Grimaces	1

A. DE PONTMARTIN
	vol.
Contes et Nouvelles	1
Mém. d'un Notaire	1
La fin du Procès	1
Contes d'un Planteur de choux	1
Pourquoi je reste à la Campagne	1

HENRI CONSCIENCE
Trad. Léon Wocquier.
	vol.
Scèn. de la Vie flam.	2
Le Fléau du Village	1
Les Heures du soir	1
Les Veillées flamand.	1
Le Démon de l'Argent	1
La Mère Job	1
L'Orpheline	1
Guerre des Paysans	1

PAUL DE MOLÈNES
	vol.
Chroniques Contemporaines	1

DE STENDHAL
(H. Beyle.)
	vol.
De l'Amour	1
Le Rouge et le Noir	1
La Chartr. de Parme	1

MAX. RADIGUET
	vol.
Souv. de l'Amér. esp.	1

PAUL FÉVAL
	vol.
Le Tueur de Tigres	1
Les dernières Fées	1

MÉRY
	vol.
Les Nuits anglaises	1
Une Hist. de Famille	1
André Chénier	1
Salons et Sout. de Paris	1
Les Nuits italiennes	1

ÉDOUARD PLOUVIER
	vol.
Les Dern. Amours	1

GUST. FLAUBERT
	vol.
Madame Bovary	2

CHAMPFLEURY
	vol.
Les Excentriques	1
Avent. de Mlle Mariette	1
Le Réalisme	1
Prem. Beaux Jours	1
Les Souffrances du profess. Delteil	1
Les Bourgeois de Molinchart	1
Chien-Caillou	1

XAVIER AUBRYET
	vol.
La Femme de 25 ans	1

VICTOR DE LAPRADE
	vol.
Psyché	1

H. B. RÉVOIL (Trad.)
	vol.
Harems du N.-Monde	1

ROGER DE BEAUVOIR
	vol.
Chev. de St-Georges	1
Avent. et Courtisanes	1
Histoires cavalières	1

GUSTAVE D'ALAUX
	vol.
Soulouq. et son Emp.	1

F. VICTOR HUGO
(Traducteur.)
	vol.
Sonn. de Shakspeare	1

AMÉDÉE PICHOT
	vol.
Les Poètes amoureux	1

ÉMILE CARREY
	vol.
Huit jours sous l'Équateur	1
Métis de la Savane	1
Les Révoltés du Para	1

CHARLES BARBARA
	vol.
Histoir. émouvantes	1

E. FROMENTIN
	vol.
Un Été dans le Sahara	1

XAVIER EYMA
	vol.
Les Peaux-Noires	1
Femmes du N.-Monde	1

LA COMTESSE DASH
	vol.
Les Bals masqués	1
Le Jeu de la Reine	1
L'Écran	1
Le Fruit défendu	1

MAX BUCHON
	vol.
En Province	1

HILDEBRAND
Trad. Léon Wocquier.
	vol.
Scè. de la Vie holland.	1

AMÉDÉE ACHARD
	vol.
Parisiennes et Provinciales	1
Brunes et Blondes	1
Les dern. Marquises	1
Les Femmes honnêtes	1

A. DE BERNARD
	vol.
Le Portrait de la Marquise	1

CH. DE LA ROUNAT
	vol.
Comédie de l'Amour	1

MAX VALREY
	vol.
Marthe de Montbrun	1

A. DE MUSSET, GEORGE SAND DE BALZAC etc.
	vol.
Le Tiroir du Diable	1
Paris et les Parisiens	1
Parisiennes à Paris	1

ALBÉRIC SECOND
	vol.
A quoi tient l'Amour	1

Mme BERTON
(Née Samson.)
	vol.
Le Bonheur impossib.	1

NADAR
	vol.
Quand j'ét. Étudiant	1
Miroir aux Alouettes	1

ÉMILIE CARLEN
Trad. M. Souvestre.
	vol.
Deux Jeunes Femmes	1

LOUIS ULBACH
	vol.
Les Secrets du Diable	1

F. HUGONNET
	vol.
Souvenirs d'un Chef de Bureau arabe	1

JULES SANDEAU
	vol.
Sacs et Parchemins	1

LOUIS DE CARNÉ
	vol.
Drame s. la Terreur	1

www.ingramcontent.com/pod-product-compliance
Lightning Source LLC
Chambersburg PA
CBHW071140160426
43196CB00011B/1958